CB052316

qual a
MEDIDA
do seu
AMOR?

QUAL A MEDIDA DO SEU AMOR?
Copyright © 2013 by Wanderley Oliveira
1ª Edição | julho de 2013 | do 1º ao 6º milheiro

DADOS INTERNACIONAIS DE CATALOGAÇÃO PÚBLICA

DUFAUX, ERMANCE (ESPÍRITO)

Qual a medida do seu amor?
Ermance Dufaux (Espírito): psicografado por Wanderley Oliveira.
DUFAUX: Belo Horizonte, MG. 2013

208p. 15,5 x 23 cm

ISBN: 978-85-63365-27-9

1. Espiritísmo 2. Psicografia
I. OLIVEIRA, Wanderley II. Título

CDU 133.3

IMPRESSO NO BRASIL PRINTED IN BRAZIL PRESITA EN BRAZILO

EDITORA DUFAUX
R. OSCAR TROMPOWSKI, 810
BAIRRO GUTIERREZ
BELO HORIZONTE - MG - BRASIL
CEP - 30441-123
(31) 3347-1531
comercial@editoradufaux.com.br
WWW.EDITORADUFAUX.COM.BR

CONFORME NOVO ACORDO ORTOGRÁFCIO DA LÍNGUA PORTUGUESA RATIFICADO EM 2008.

OS DIREITOS AUTORAIS DESTA OBRA FORAM CEDITOS PELO MÉDIUM WANDERLEY OLIVEIRA À SOCIEDADE DE ESPÍRITA ERMANCE DUFAUX (SEED). É PROIBIDA A SUA REPRODUÇÃO PARCIAL OU TOTAL ATRAVÉS DE QUALQUER FORMA, MEIO OU PROCESSO ELETRÔNICO, DIGITAL, FOTOCÓPIA, MICROFILME, INTERNET, CD-ROM, DVD, DENTRE OUTROS, SEM PRÉVIA E EXPRESSA AUTORIZAÇÃO DA EDITORA NOS TERMOS DA LEI 9 610/98, QUE REGULAMENTA OS DIREITOS DE AUTOR E CONEXOS.

WANDERLEY OLIVEIRA
ERMANCE DUFAUX

qual a MEDIDA do seu AMOR?

SUMÁRIO

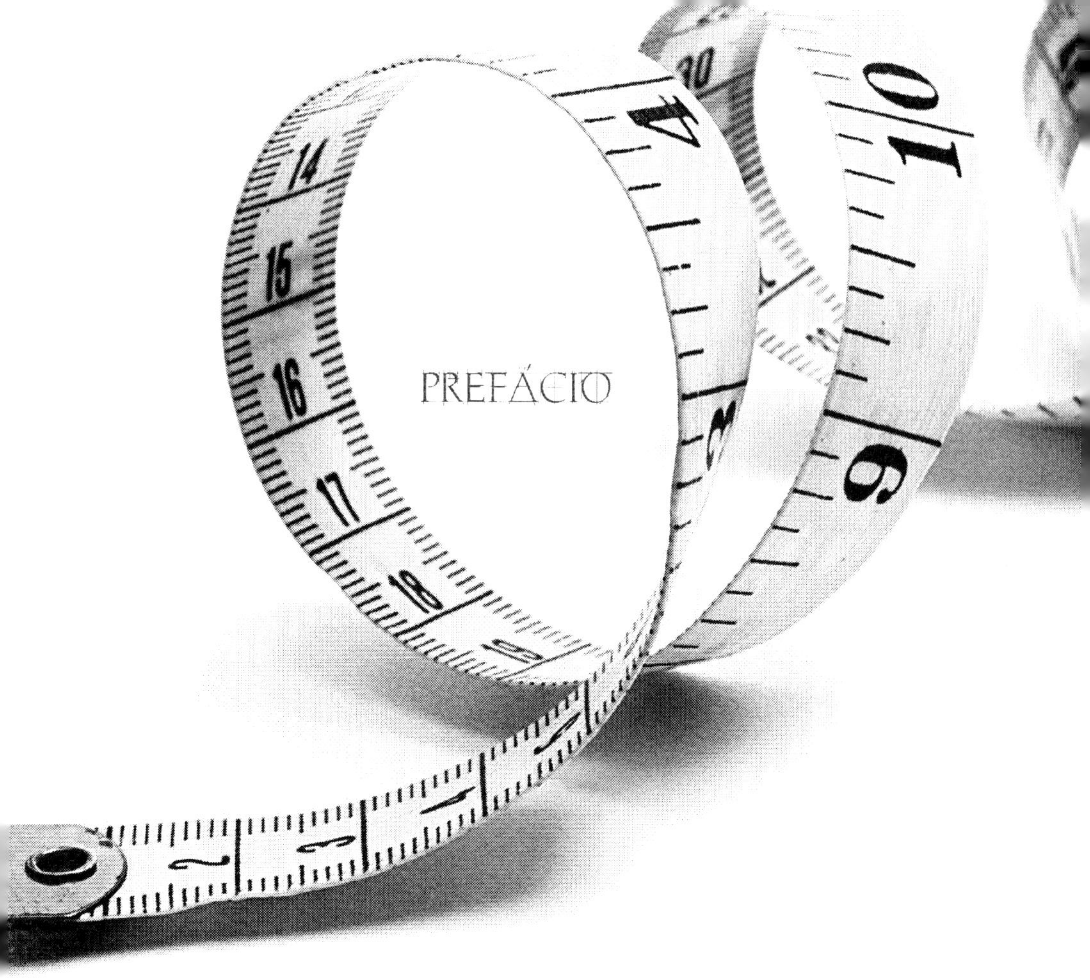

PREFÁCIO

MAIS
AMOR
ENTRE
NÓS

MAIS AMOR ENTRE NÓS

"Sou o grande médico das almas e venho trazer-vos o remédio que vos há de curar. Os fracos, os sofredores e os enfermos são os meus filhos prediletos. Venho salvá-los. Vinde, pois, a mim, vós que sofreis e vos achais oprimidos, e sereis aliviados e consolados. Não busqueis alhures a força e a consolação, pois que o mundo é impotente para dá-las. Deus dirige um supremo apelo aos vossos corações, por meio do Espiritismo."

Espírito de Verdade (Bordeaux, 1861).

O evangelho segundo o espiritismo. Capítulo 6, item 7.

Esse alerta do Espírito de Verdade é direcionado a nós, que temos a graça bendita de aceitar o remédio libertador do espiritismo.

Somos, sim, os fracos, os sofredores e os enfermos aos quais se refere o trecho anterior.

Necessitamos de paz, de sossego na alma e de energia para viver.

Internados no hospital fraterno do conhecimento espírita, ainda nos sentimos distantes da cura. Participamos das responsabilidades iluminativas desse conhecimento e ainda assim sentimos a força de nossas carências e dores interiores.

Estamos medicados, mas não libertos.

Movimento e ação nesse núcleo de tratamento da alma podem ser comparados a exercícios em favor da recuperação da nossa paralisia espiritual. Temos tarefas, eventos, cultura e esforços que constituem salutares ações de fisioterapia para a alma.

Todavia, mesmo com as alegrias dessas iniciativas do bem, continuamos sedentos do alimento essencial do amor.

Nossas atividades, em muitas ocasiões, nos deixam famintos dessa nutrição.

Parece contraditório, mas somos capazes de realizar nossos trabalhos fraternos em favor do nosso próximo

e, ainda assim, por conta de nossas doenças, continuamos a sentir profundas necessidades na alma.

Há fome de amor entre nós, e a luz que se acende nem sempre significa alforria e salvação, assim como o bem que se espalha nem sempre é sinônimo de libertação consciencial.

Existe muito movimento para fora e, com muita facilidade, esquecemos o movimento para dentro de nós mesmos.

Precisamos de mais amor em nós e entre nós.

Sem o estímulo da amorosidade, nossos ideais perdem brilho, nossos ânimos perdem força e nossa energia desfalece.

Já é desafiador enfrentar a nós mesmos, e a luta fica ainda mais amarga quando nos emaranhamos nas vibrações da mágoa, da revolta, da antipatia e da desconfiança que brotam da ausência de atitudes amistosas e alimentam, assim, a falta de afeto e de amor em nossas relações.

Fraternidade é a divisa.

Estamos em campanha por mais amor entre nós!

Com a fraternidade, aliviemos nossos corações do peso da amargura provocada pela intolerância com as diferenças e pelo desamor com os diferentes.

Busquemos o espírito do amor, pois nada pode nos impedir se estabelecemos que esse é o nosso objetivo essencial.

Mais amor em nós e entre nós!

Que as reflexões nos próximos textos colaborem com os esforços em prol do autoamor e do amor em nossas relações. Que Deus nos inspire e abençoe os nossos caminhos.

Ermance Dufaux, abril de 2013.

PALAVRA DA EDITORA

Há algum tempo, tomamos contato com um projeto da autora espiritual Ermance Dufaux, que propunha, então, fazer a revisão e a atualização dos textos criados por ela na obra *Unidos pelo amor*, que se encontra esgotada e não será mais publicada.

Objetivando criar um texto com linguagem mais acessível e voltada para nossas experiências do dia a dia, Ermance nos apresenta conteúdos de grande valor moral e inteiramente voltados para a proposta de autoconhecimento. Sua esperança, que é compartilhada também por nós, é de que essa experiência multiplique os ensinamentos do mundo espiritual em favor de todos.

De nossa parte, agradecemos à Ermance pelo carinho e pela incansável disposição em fazer esta revisão em favor de tão nobre conteúdo.

Maria José da Costa, abril de 2013.

CAP. 1

TOLERÂNCIA CONSTRUTIVA

TOLERÂNCIA CONSTRUTIVA

"'Vinde a mim, vós que sois bons servidores, vós que soubestes impor silêncio aos vossos ciúmes e às vossas discórdias, a fim de que daí não viesse dano para a obra!' Mas, ai daqueles que, por efeito das suas dissensões, houverem retardado a hora da colheita, pois a tempestade virá e eles serão levados no turbilhão!"

Espírito de Verdade (Paris, 1862).

O evangelho segundo o espiritismo. Capítulo 10, item 5.

A necessidade de se respeitar as diferenças do outro é uma das lições mais urgentes a se conquistar na vitória sobre o egoísmo. E não existe respeito sem tolerância construtiva.

Nos serviços a que nos consagramos, inúmeras vezes somos chamados a conviver com os afins e com os contrários nos vínculos interpessoais. Somos convocados naturalmente a selecionar o teor das emoções de que partilhamos.

Como nos posicionar frente aos que assumem declarada oposição às nossas ideias? Como conviver harmoniosamente com os que pensam diferentemente de nós?

Se optarmos pela tolerância, vemo-nos obrigados, em muitas situações, a abrir mão do entendimento pessoal e ficamos com a nítida sensação de omissão. Se escolhemos a exclusão, colocando emocionalmente os menos afins na pauta das aversões e das incompatibilidades, a consciência envia um apelo sistemático ao coração, clamando pela adoção da fraternidade.

Ansiamos por uma postura ideal, mas o sentimento confunde-nos frente ao desafio. Se toleramos, sentimo-nos omissos. Se excluímos, sentimo-nos egoístas.

A mensagem mais profunda do amor, todavia, é clara. Quando Jesus nos aconselha a "fazer aos outros o que gostaríamos que nos fizessem"[1], Ele não estabelece uma conduta de compensações e trocas. O ensino do Mestre é, sobretudo, um chamamento ao mergulho interior, no qual, através da empatia, podemos reunir condições para avaliar qual carga emocional gostaríamos de receber no lugar de nosso próximo, caso estivéssemos na mesma situação em que somos aferidos.

---

[1] *Lucas, 6:31.*

Fazendo assim, percebemos de pronto que podemos conviver com aqueles que discordam de nós e podemos amá-los, sem subtrair nossas aspirações de serviço e projetos de ação, porque o que verdadeiramente importa é como nos encontramos intimamente uns com os outros, e não com o que eles fazem ou pensam.

A tolerância não implica resignação passiva. Pelo contrário, a tolerância é uma atitude construtiva das condições para bons relacionamentos, os quais, por sua vez, dissolvem as espessas nuvens do malquerer.

As divergências fazem parte da convivência sem que, necessariamente, determinem desacordo. Quando decidimos aceitar o outro, essa atitude não inclui a concordância com o que o outro faz, sente ou pensa, mas significa que, independentemente disso, ele é aceito sem gerar em nossa vida emocional as barreiras da aversão. Chamamos a essa atitude de tolerância construtiva,.

A tolerância construtiva é aquela que oferece condições ao nossos campos íntimo e exterior para que haja o respeito, a convivência pacífica e mesmo a possibilidade da iniciativa conjunta.

Toleremos sempre, sendo indulgentes com as faltas alheias.

Toleremos incondicionalmente, usando o perdão que fermenta a concórdia.

Toleremos com desprendimento, guardando a paciência com a melhoria de outrem.

Toleremos com fé, entregando ao tempo a solução das adversidades.

Toleremos com compreensão, entendendo que cada pessoa tem seu patamar evolutivo.

Toleremos com oração, evitando os circuitos mentais de baixo teor moral.

Toleremos com trabalho, ocupando a mente com ideais nobres que eliminam o espaço de disputas inferiores.

Toleremos com aprendizado, buscando as lições sublimes do amor aplicado e meditando nas nossas necessidades.

Toleremos com discrição, abstendo-nos de nomear pejorativamente pessoas e grupos.

Toleremos com meditação, controlando o surgimento dos sentimentos impetuosos que elaboram os raciocínios de desforra.

Façamos nossa parte na manutenção da tolerância construtiva e entreguemo-nos a Deus fervorosamente. Esperemos Dele as respostas justas que expressem Sua vontade frente aos nossos testemunhos proporcionados pelos conflitos, na esfera do aprendizado espiritual, com os nossos companheiros.

Tolerando, preparamos intimamente os recursos para o amor. Amando, seremos sempre um instrumento de Deus na mão das circunstâncias, que, no momento justo, nos chamarão aos melhores meios de efetivar a conciliação, o entendimento e o serviço de união.

Defendamos nossas ideias, criemos projetos e avancemos naquilo que acreditamos, sem jamais excluir do campo de nossos melhores sentimentos aqueles que não partilham das mesmas opiniões ou aqueles que se indispõem conosco.

Cada um de nós dá aquilo que pode e aquilo que possui nas construções espirituais, e raríssimos são os que guardam consigo valores e conquistas suficientes para dar sentenças condenatórias. Cada um de nós, conquanto as imperfeições, faz o melhor que pode em favor da obra do Senhor. Compete-nos respeitar a todos, vibrar favoravelmente por aqueles que nos maltratam e seguir o caminho de Deus. Não esqueçamos que, assim como os outros, também nós enfrentaremos do outro lado da vida o tribunal da consciência, que nos irá perguntar: "Fizeste ao próximo o que gostaria que ele fizesse a ti?".

Felizes os que descobriram, mesmo antes da morte física, que podem, todos os dias e a qualquer momento, ouvir esse recurso consciencial nos recantos profundos da alma. Quem aprende isso liberta-se e avança, antecipando, no reino do coração, a colheita farta de bênçãos, experimentando a leveza de amar sem distinção, seja quem for e em que situação for.

Ouçamos o chamado oportuno do Espírito de Verdade e então reconheceremos que um dos maiores danos ao trabalho de espiritualização reside, antes de tudo, no íntimo de quem não se atenta para a lealdade à sua consciência.

CAP. 2

APROXIMAÇÃO AFETIVA, A CARIDADE MAIS DIFÍCIL

APROXIMAÇÃO AFETIVA, A CARIDADE MAIS DIFÍCIL

"Desejo compreendais bem o que seja a caridade moral, que todos podem praticar, que nada custa, materialmente falando, porém, que é a mais difícil de exercer-se."

Irmã Rosália (Paris, 1860).

O evangelho segundo o espiritismo. Capítulo 13, item 9.

O desafio de transformar nossos ambientes de trabalho edificante em núcleos educativos de emoções superiores necessita de expressiva soma de esforços de seus colaboradores.

Nessa escola da alma, precisamos buscar a harmonia junto à espiritualidade superior que nos inspira e que sustenta as diretrizes para nossa vida moral.

Superar limites, cultivar relações saudáveis e motivadoras e vencer barreiras emocionais são alguns dos exercícios de aproximação afetiva aos quais devemos nos dedicar como aprendizes matriculados nesse educandário do amor.

Lado a lado com a aquisição do conhecimento, o desenvolvimento de expressões de afeto constitui o terreno fértil para aparar arestas e consolidar valores espirituais no trajeto da evolução.

A educação é a essência dos princípios básicos, sem os quais o espírito encarnado envereda pelas trilhas do conhecimento libertador sem, no entanto, se libertar.

Apesar de haver o desconhecimento ou o esquecimento da finalidade primordial da autotransformação e do desenvolvimento do legítimo amor, tem se dado o erguimento de obras de grande mérito. Entretanto, algumas delas estão desalinhadas a esse objetivo essencial.

A proposta educativa da melhoria moral da humanidade adquiriu conceitos que merecem ser analisados para que se busquem soluções urgentes, se desejamos dias melhores e mais promissores em nossa atuação como agentes da consolação junto à humanidade.

Os nobres Espíritos de Verdade apresentaram a caridade como atitude motivadora do processo educacional, sendo o próximo, dentro de uma concepção espírita-cristã, o caminho de nossa felicidade ou infelicidade. O relacionamento fraterno e o bem são as metas educativas da nossa convivência. No entanto, a mentalidade filantrópica e assistencialista coloca o próximo como um necessitado, um assistido, estabelecendo papéis sociais que distanciam os corações, suprimindo as possibilidades de uma relação promotora de valores humanizadores.

Não podemos deixar de considerar que os serviços de beneficência e de amparo material são muitíssimo especiais para a sensibilização do afeto e para o ensaio do altruísmo. No entanto, mais do que doar coisas, precisamos nos educar para aprender a doar a nós mesmos, oferecendo nossa íntima contribuição no levantamento de obras morais transformadoras, as quais sejam construídas no âmago daqueles que ajudamos e que se permitem o crescimento de profundidade, fazendo de nossas atividades assistenciais verdadeiros centros dedicados ao desenvolvimento do amor sob o amparo de Cristo.

O contato produtivo com a mensagem de Jesus é uma medida oportuna para a realização dos trabalhos com Ele. Sem sentimentalismo e excessos, indicamos o estudo do Evangelho como medida essencial para que, sob o enfoque dos princípios estruturais do espiritismo, possamos atualizar a linguagem do Mestre para o século 21.

Outra saudável providência a se tomar para que nossos ambientes possam cumprir os nobres objetivos do Cristo é preservá-los das condutas e das ações que sejam padrões dos interesses do homem comum que ainda habita em nós. Sem criar padrões que levem à discriminação e à intolerância, esses ambientes precisam transmitir harmonia e sensibilidade; por isso, devemos procurar ser autênticos, sem, no entanto, manter os hábitos e os condicionamentos do homem velho. O clima do ambiente em que vivemos deve refletir de forma simples a elevação espiritual que buscamos.

Seremos reconhecidos pelos valores morais que se exteriorizam em nossa conduta, sendo que nossas palavras, ações e gestos irão projetar em outras pessoas todo o bem-estar e atração para conviver sadiamente que pudermos emitir. Emoções superiores, quais sejam o respeito, a fraternidade e a alegria, só serão apreendidas pelos estímulos que recebam nessa direção nobre, nos quais o desejo de encontrar Deus seja plenificado no estudo, na arte, na convivência cristã e nas realizações que estimulem os potenciais divinos depositados em nós.

Empenhemos esforços conjuntos para ajustarmos nossos prestativos núcleos aos seus fins superiores, colaborando com a sociedade nas alternativas de paz e felicidade almejadas por todos.

O desenvolvimento harmônico do intelecto e da moral favorecerá a fé racional, capaz de imprimir direção divina à nossa emoção sob os desígnios da razão esclarecida.

Edifiquemos os educandários de amor na Terra, onde as almas que regressam para novos aprendizados encontrem campos favoráveis ao desenvolvimento de novos hábitos emocionais e relações duradouras, orientadas pelo afeto libertador e nutriente, aplicando-se na positividade, na alteridade, na empatia, na autenticidade, na fraternidade, no perdão, na responsabilidade, no saber ouvir, no cativar a amizade, que são lições imorredouras no trajeto para Deus.

Pergunta-nos o codificador: o que nos importa as crenças espíritas sem melhoria da conduta?[2] E melhoria da conduta é conquistada com razão esclarecida e sentimento enobrecido através da convivência educativa. Para esse fim, devemos direcionar nossas atividades, de forma a agregar todos em torno do ideal de aperfeiçoamento de nós mesmos. Esse ideal será atingido mais facilmente em ambientes de bem-estar, nos quais o afeto seja o principal ingrediente de sustentação e de fortalecimento do trabalhador. Ambientes nos quais a caridade moral, que consiste em desenvolver laços afetivos consistentes e duradouros, seja a prioridade de seus integrantes e cooperadores.

Esse é o programa renovador das massas que se inicia na individualidade e, posteriormente, se estende aos ambientes de sua influência.

---

[2] *O livro dos médiuns,* Item 350

Esse é o alicerce inabalável que concorrerá para a união dos grupos na edificação de rumos mais auspiciosos aos fins essenciais da doutrina.

Para tanto, verifiquemos continuamente se o espiritismo está em nós tanto quanto cremos que estejamos nele.

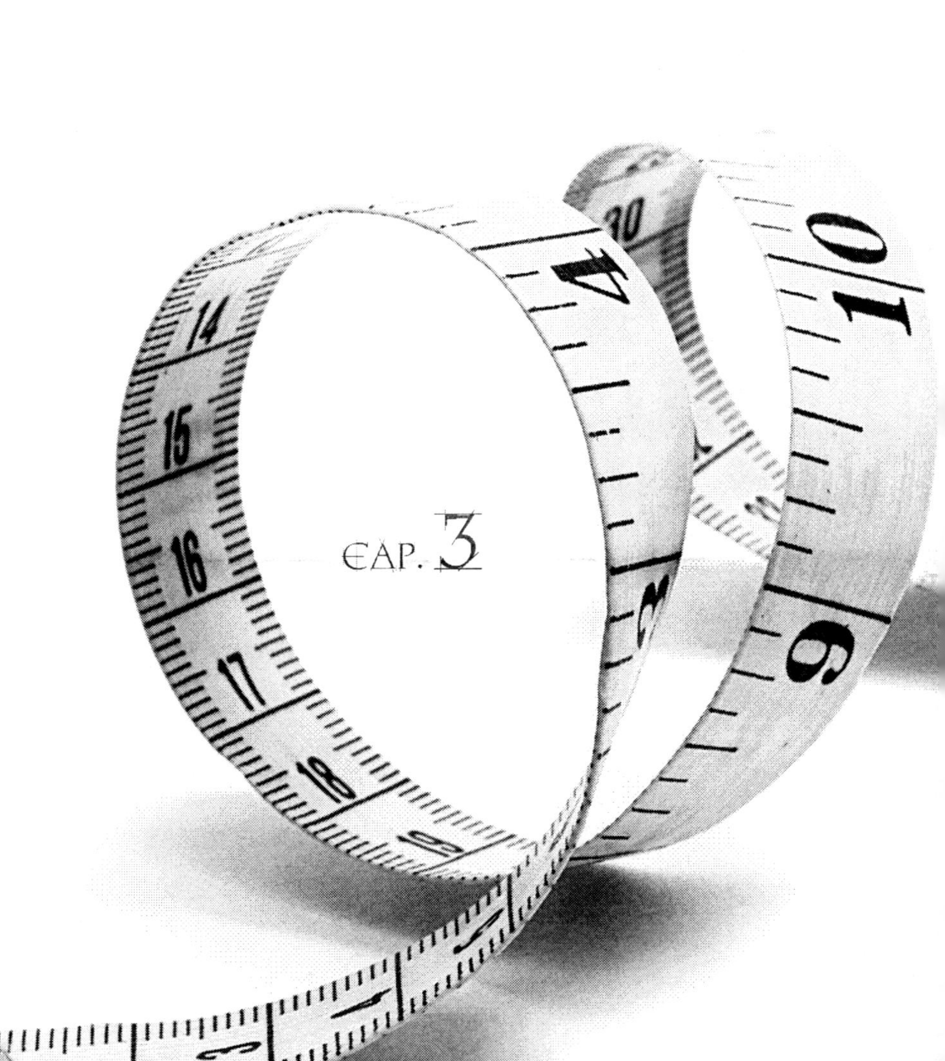

CAP. 3

COMO SABER SE PERDOAMOS

COMO SABER SE PERDOAMOS

"Feliz, pois, daquele que pode todas as noites adormecer, dizendo: nada tenho contra o meu próximo."

Simeão (Bordéus, 1862).
O evangelho segundo o espiritismo. Capítulo 10, item 14.

Como saber se perdoamos verdadeiramente? Eis uma indagação oportuna aos que acreditam na mensagem de Jesus.

O perdão é uma operação mental de transformação das polaridades das correntes emocionais. A polaridade da ofensa é constituída de energias viróticas que consomem os raios vitais – força da vida –, onerando o psiquismo e a aura com um resíduo que pode ser considerado entulho mental e que impede a livre circulação das radiações de harmonia e de saúde no sistema biopsíquico-espiritual. A polaridade do perdão é constituída de uma energia que atrai ondas superiores de paz e de alegria, tonificando a corrente vibratória do ser e causando suave sensação de leveza e de liberdade.

A fixação na polaridade da ofensa desarmoniza o fluxo dos pensamentos, prendendo-o em um circuito viciado de recordações da agressão recebida. Incapaz de utilizar o antídoto do perdão, a criatura ofendida rende-se às lembranças enfermiças e dolorosas, com as quais possa vingar as cenas de agressão recebidas, encarcerando-se em emoções tormentosas e repletas de ódio.

Assim, o melhor indício de que a falta foi perdoada é o esquecimento do passado. Sobre isso, encontramos na fala do Espírito de Verdade o seguinte esclarecimento:

> *"Quantos não dizem: Perdoo e acrescentam: mas, não me reconciliarei nunca; não quero tornar a vê-lo em toda a minha vida. Será esse o perdão, segundo o Evangelho? Não; o perdão verdadeiro, o perdão cristão é aquele que lança um véu sobre o passado; esse o único que vos será levado em conta, visto que Deus não se satisfaz com as aparências."* [3]

O passado é imutável, porém nossa forma de nos relacionarmos com ele será o desafio libertador perante as ofensas sofridas. Perdoamos quando olhamos para o que passou e entendemos as razões pelas

---

[3] *O evangelho segundo o espiritismo,* Capítulo 10, item 15.

quais a vida nos situou nas lições amargas que experimentamos.

As mágoas não devem ser esquecidas, de forma que as lições com elas aprendidas se fixem em nossa alma. Porém, somente quando recordamos a dor da ofensa sem sofrimento é que temos um atestado da libertação interior. Eis o sinal de que houve o perdão verdadeiro.

Tomemos o cuidado de verificar sem receios as mágoas ocultas que carregamos em nossa intimidade, tendo coragem e esforço nesse doloroso autoenfrentamento em favor da nossa paz espiritual.

Continuar caminhando com o prejuízo das ofensas é semelhante a viver com grave colesterol na alma, que pode nos enfartar a qualquer instante nos dolorosos quadros da depressão e do derrotismo.

Oremos e confessemos as nossas falhas, buscando alívio e força na execução desse serviço interior.

Admitir para nós mesmos a ofensa será um passo significativo em sua erradicação.

Quanto aos leais e honestos, vigiem sua índole, porque são candidatos a serem cultores da ofensa, adotando a postura íntima de vítimas, alegando: "Eu não merecia passar pelos dramas que passei". De fato, talvez não merecessem mesmo, mas, se as circunstâncias da vida ensejaram essa vivência, e considerando que nada ocorre sem uma razão de ser, no mínimo, por uma questão de necessidade, a criatura terá de admitir sua prova em relação às vivências futuras que a esperam, as quais podem, inclusive, ter sido solicitadas por ela mesma durante a sua emancipação pelo sono físico durante as noites.

Dificilmente escaparemos da experiência das lesões afetivas da mágoa durante o trajeto de nossa existência física. Preparemo-nos, portanto, para o trabalho de superação e perdoemos sempre, garantindo a nós mesmos as alegrias de uma vida livre e saudável destinada a todos que decidiram pôr um véu no passado e seguir adiante em comunhão com Deus, lançando a luz do olhar compassivo e misericordioso sobre as sombras do passado que se foi e jamais retornará.

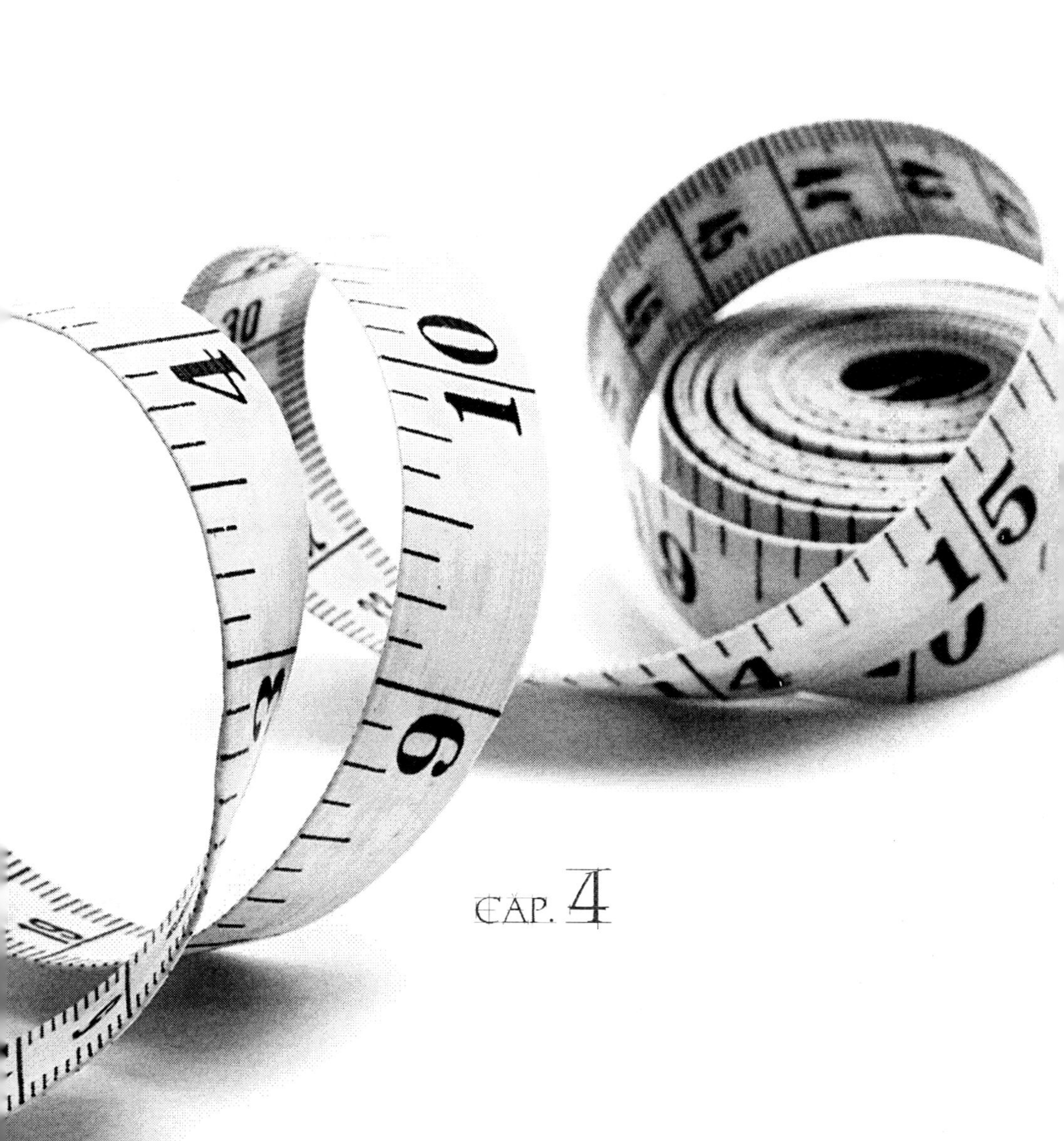

CAP. 4

O PAPEL DA MULHER NO MUNDO

O PAPEL DA MULHER NO MUNDO

"Então, levantando-se, perguntou-lhe Jesus: 'Mulher, onde estão os que te acusavam? Ninguém te condenou?'. – Ela respondeu: 'Não, Senhor'. Disse-lhe Jesus: 'Também eu não te condenarei. Vai-te e de futuro não tornes a pecar'."

João, 8: 3-11.

O evangelho segundo o espiritismo. Capítulo 10, item 12.

Pensemos juntos sobre o feminismo enobrecedor.

O processo de emancipação social da mulher atende aos imperativos da lei de progresso e de liberdade que não poderiam mais ser adiados na Terra.

Mantendo-se nas experiências do lar durante séculos, ainda que sob desleal discriminação, a mulher, com seu instintivo potencial maternal, função somente a ela atribuída pelas leis naturais, conseguiu resguardar o afeto na família, evitando que a educação e a ordem desaparecessem definitivamente da sociedade.

Enquanto a maioria dos homens pernoitava pelas suas aventuras infantis no egocentrismo, as almas femininas, premidas pela dor do preconceito e do desdém, compensavam-se no amor aos filhos, elevando-se a amplos níveis de conquistas na capacidade de amar sem serem amadas o quanto mereciam e precisavam.

Excetuando-se os poucos corações invigilantes que sucumbiram ao peso da ilusão e do ódio, os espíritos que experimentaram em vidas sucessivas as vivências femininas dilataram o patrimônio do sentimento pessoal, além de prestarem heroica contribuição à história de todas as sociedades ao cumprirem o papel de suporte do lar, de forma que a célula social da família não se perdesse no tempo.

Hoje, por necessidades coletivas de promoção da escola terrena a novos e mais elevados conceitos, a mulher é convocada a sair do lar para semear, nos mais diversos segmentos sociais, os germens morais com os quais a humanidade poderá refletir a fim de renovar os injustificáveis rótulos designados à figura feminina ao longo do tempo. Esse objetivo vem sendo rapidamente alcançado.

Nesse contexto, porém, pode ocorrer de a emancipação feminina se igualar à libertinagem, na qual a mulher absorve hábitos e direitos conferidos ao homem, vindo a tombar moralmente em quedas milenares nas quais almas nas experiências masculinas já atolaram em extravagâncias.

Emancipação significa "elevar-se", "libertar-se" e, nessa conceituação, muitas mulheres têm saído dos extremos da velha escravatura para arrojar-se a novas prisões, nos terrenos da distorção socialmente aceitável.

Nessa hora grave, em que repousam sublimes expectativas sobre a participação feminina na melhoria das condições dos relacionamentos humanos, nota-se, em muitos casos, seu descuido infeliz ao sucumbir nos deslizes do sucesso, da vaidade, da tirania da aparência e da compensação cultural, incendiando paixões ardentes, provocando complexos de inferioridade, atiçando a inveja, inclusive em outros espíritos que estão na experiência feminina.

Enquanto boa parcela dos homens procura na mulher a realização de interesses puramente físicos, assediando-a através de abusos emocionais e psicológicos, a mídia agressiva e inferior bombardeia a mente feminina com modelos culturais, artísticos e éticos, distorcendo os costumes. Nesse contexto, a mulher que trabalha por sua libertação social pode se confundir perante as aparentes facilidades que se lhe apresentam e fascinar-se com a possibilidade de ser a "rainha da hora", à custa de qualquer preço, alegando necessidades profissionais da imagem ou do lazer. Assim, age supondo cumprir importante função social.

De fato, a mulher tem importante papel no mundo: o de dignificar as relações humanas pelo sentimento superior do autêntico amor.

Antes, como mãe, premida por toda ordem de injustiças, ela dignificou o lar. Hoje, quando a mulher sai do lar para as experiências da competição, tem-se a sensação de que a instituição familiar naufragou, faliu.

No entanto, consideramos essa conotação desprovida de bom senso, porque, em verdade, nos bastidores das mudanças socioculturais, os valores da família estão cada vez mais prezados e desejados.

O problema não está em sair ou não do lar, mas em como a mulher sai de seu lar, com quais propósitos, o que ela almeja no contato com a selva de pedra das organizações materiais e, principalmente, como ao lar ela retorna.

Nesse contexto, precisamos refletir sobre o papel da mulher espírita ante o mundo. É necessário ficarmos atentos às noções elevadas que devem se aplicar na convivência social, atendendo às diretrizes espirituais que já foram conquistadas. Resistindo aos golpes da carência afetiva, evitemos utilizar as propostas espíritas em justificativas e posturas incoerentes.

Mulheres, mesmo que se sintam injustiçadas nas experiências conjugais ou ainda que sorvam o cálice da solidão dolorosa, não se permitam, em nome das carências pessoais, afetivas e corporais, as condutas desonrosas que têm composto o quadro dos deslizes da mulher distante das luzes espirituais. Evitem navegar por fantasias infelizes que custam dias de irritação e sentimento de culpa, com negativos reflexos na convivência diária e que escondem múltiplos, e nem sempre elevados, sentimentos.

Lembre-se de que "carência", no dicionário da alma, tem conceitos diversos: enquanto o mundo confere-lhe o sentido de necessidade pessoal urgente e justa, devemos entendê-la como uma indicativa fiel das lutas interiores que temos por vencer; um verdadeiro sinal das áreas de compromisso que o passado nos devolve, em quaisquer das manifestações em que se apresente.

O incômodo e a dor daquilo que nos falta é o termômetro fiel dos compromissos que aguardam nosso esforço e sacrifício reeducativo, a fim de serem superados para rumos nobres e libertadores. Superar carências, segundo esse dicionário espiritual, significa emancipar-se, aprender a viver bem consigo mesmo, dignificar-se pela ação.

Nessa ótica, a traição, a mágoa, a solidão, as esperanças arruinadas, a raiva e o descrédito são trilhas promissoras para os que as sofrem com heroísmo evangélico, aprendendo, no clima rude das provas, a manter a dignidade e a disposição permanente de melhora.

A autonomia é resultante da competência espiritual que leva a criatura a encontrar mais motivos para amar do que para ser amada, tornando-se liberta da neurótica dependência de alguém ou de alguma coisa. Tal condição emocional é conquistada quando o ser é rico em autoestima, disposto a aprender o autoamor, feliz em servir e em viver os princípios éticos do bem e da saúde integral. Nesse estado, amplia-se a consciência de si, estabelecendo a autêntica emancipação.

Não foi sem profundas razões que Maria de Magdala foi designada por Jesus para ser a mensageira da ressurreição. O exemplo inesquecível dessa mulher é verdadeira rota de ascensão. A humanidade culposa, entretanto, fixou-se nos delitos da pecadora. Naturalmente, isso ocorre pela similaridade de compromisso. No entanto, os leprosos que foram atendidos por ela, através da mensagem da Boa Nova, até o final de sua existência terrena à época do Cristo, ergueram um santuário em sua homenagem em Paris, séculos depois, em plena Idade Medieval, a chamada Igreja de Santa Madalena, para que os homens do mundo jamais se esquecessem da maior emancipação espiritual de que se tem notícia na Terra depois de Maria, a Mãe de Jesus.

Maria de Magdala foi o exemplo clássico da mulher portadora de toda forma de carência, tombada do cume da dignidade para as tormentas do amor carnal. Contudo, Jesus restituiu-lhe a estima e a confiança, fatores suficientes para que ela penetrasse no desconhecido mundo de si mesma, reconquistando o autoamor e a dignidade e descobrindo os valores divinos do espírito maternal para com os filhos do Calvário, gestando o sublime afeto como marca de Deus na Sua criação.

CAP. 5

EXERCÍCIOS DE AMOR PARA SUBLIMAR AS PAIXÕES

EXERCÍCIOS DE AMOR PARA SUBLIMAR AS PAIXÕES

"Fielmente observado, o dever do coração eleva o homem; como determiná-lo, porém, com exatidão? Onde começa ele? Onde termina? O dever principia, para cada um de vós, exatamente no ponto em que ameaçais a felicidade ou a tranquilidade do vosso próximo; acaba no limite que não desejais ninguém transponha com relação a vós."

Lázaro (Paris, 1863).

O evangelho segundo o espiritismo. Capítulo 17, item 5.

Assim nos fala *O livro dos médiuns*:

"Recebemos a sublime orientação de que devemos buscar a realização de importante desejo, que é o de nos instruirmos e melhorarmos através dos ensinamentos dos espíritos superiores e do aproveitamento de seus conselhos."[4]

---

[4] *O livro dos médiuns*, Capítulo 29, item 341.

Essa oportuna orientação deve conduzir todos os nossos esforços na vida, elegendo o estudo e o serviço íntimo como centros de nossas intenções.

Contudo, esse desejo é conquistado passo a passo, e mais uma vez deparamo-nos com a importância das relações afetuosas como estímulo às nossas concretizações. A ausência desse afeto empobrece os ambientes de nossa convivência, mas, igualmente, seu excesso pode trazer-nos experiências limitadoras para que alcancemos vivências superiores.

Afeto é o coroamento da sublimação dos instintos milenares, depois das múltiplas experiências nos reinos da sensibilidade, da atração e do desejo. Força que nasce da intimidade do espírito e que movimenta muitas energias adquiridas através da evolução humana. Daí a importância de que o afeto seja sempre conduzido por valores morais dignificadores, que o impulsionem em direção às conquistas libertadoras.

Quando não é conduzida pela educação, a afetividade é levada pelos estímulos do desejo, podendo atingir os extremos da paixão. Esse desejo se impõe à vontade, acionando um campo de hábitos quase incontroláveis nos delicados mecanismos físicos e espirituais no campo da sexualidade e dos instintos.

A paixão é como uma falha no sistema de funcionamento da vida mental e emocional, perdendo o foco da razão, modificando o comportamento e aprisionando o livre-arbítrio. Dai a importância do limite diante os primeiros sinais de uma possível perturbação no campo íntimo, relativamente ao gostar especialmente de alguém.

O limite é a disciplina necessária e indispensável, mesmo entre os que já vivenciam a afeição recíproca. Quem ama verdadeiramente respeita, reconhece até onde pode intervir, mantendo os limites de ação no plano do equilíbrio e dos bons costumes.

Já sabemos que "não existem arrastamentos irresistíveis" e que "querer é poder"[5]. Contudo, o foco dos nossos desejos ainda se encontra influenciado pela ilusão e pelo egoísmo nos lances do amor, necessitando de educação, vivência digna e disciplina.

Para alcançarmos isso, construamos o hábito da oração, o desenvolvimento da razão iluminada em nossas experiências de vida, a aplicação da vontade e do trabalho na manutenção dos limites necessários, atentos para não nos perdermos nos excessos do toque, do olhar, das palavras, da maneira, do tom de voz, da vibração. Vivamos sem permissividade, mas também sem medo de amar e enobrecer nossos sentimentos e nossa convivência, através da educação emocional que deve elevar nossos padrões afetivos uns perante os outros.

---

[5] *O livro dos espíritos,* Questão 845.

Lembremos que nossas expressões afetivas comunicam o teor de nossos desejos mais profundos e que, se forem carregadas de magnetismo inferior, poderão despertar em nós e nos outros os infelizes hábitos adquiridos nas vivências no amor inconsequente, sob o fascínio das paixões, já por demais experimentados nas diversas existências.

Relacionamentos desprezados em outros tempos, quando nos encontrávamos na prisão do egocentrismo, deixaram marcas profundas nas sensíveis engrenagens do sistema psicoafetivo, determinando a geração automática e vigorosa de impulsos que solicitam intensiva reeducação nos quadros dos medos, das frustrações e da sensualidade, criando um doloroso sentimento de insegurança seguido de profunda sede de afeto. Aprendamos a conviver com tais impulsos, que, muita vez, nos trarão vergonha. São construções do passado que não podemos destruir, mas sim transformar.

É chegado nosso momento de lucidez e de liberdade.

A ilusão que nos consumiu por séculos não deve mais nos manter cativos, pois temos nas mãos a chave libertadora do espiritismo-cristão.

Treinemos o coração com novos exercícios de amor autêntico, jamais fugindo da reeducação dos sentimentos.

Devemos ter muita atenção em nossa convivência para não sofrermos com a paixão silenciosa, que incendeia fantasias e estabelece uma semiloucura interior, por direcionarmos nosso afeto para alguém que esteja catalogado nas duras provas do "gostar proibido" ou do "amor impossível".

Sem medo dos impulsos, preparemo-nos para amar como se deve e não como se deseja, porque nosso desejo ainda é carregado da persistente sombra de egoísmo.

Embora conduzidos por legítimos anseios secretos de amor, abriguemo-nos na casa do dever, ainda que soframos por dentro, defendendo-nos das ciladas impiedosas do afeto destrambelhado nos domínios da paixão.

A primeira condição para a realização de nossos sonhos é agir corretamente no hoje, conquistando o mérito perante a consciência. No futuro, a recompensa por nossa renúncia será a garantia para mais gratificantes experiências nos caminhos da afinidade e das compensações de ternura.

Para essa transformação, é preciso, primeiramente, termos a coragem de assumirmos a responsabilidade de amar nossa própria "sombra", ou seja, "a parte da personalidade que é por nós negada ou desconhecida, cujos conteúdos são incompatíveis com a conduta consciente"[6], conquistando-a para direções mais nobres.

Assimilemos as lições do passado, adquirindo responsabilidade sobre nossas próprias emoções. Admitir o que sentimos, sem fugas e fantasias e, em seguida, buscar o roteiro de renovação é a solução.

Guardemo-nos no dever, e a vida vai nos ensinar como conduzir-nos frente aos imperativos do coração.

Acolhamo-nos na oração e no trabalho, no estudo e na autotransformação, prosseguindo sem desvios no caminho.

Busquemos o amigo mais preparado espiritualmente e estabeleçamos os elos de confiança e confidência. Para o abrandamento dos anseios reprimidos, busquemos desabafar e romper com os viciosos circuitos mentais a que tenhamos nos submetido por descuido.

Trabalhemos preventivamente, evitando adentrar as faixas do excesso para que não tenhamos de sofrer tanto. Entretanto, não nos recolhamos na frieza do coração, nos distanciando dos relacionamentos. Aprendamos a amar como precisamos.

Recordemos, assim, a valorosa pérola da codificação, como programa de elevação para as conquistas do sentimento espiritualizado:

---

[6]NOVAES, Adenáuer, *Psicologia e espiritualidade.* [Fragmento]

"O dever íntimo do homem fica entregue ao seu livre-arbítrio. O aguilhão da consciência, guardião da probidade interior, o adverte e sustenta; mas, muitas vezes, mostra-se impotente diante dos sofismas da paixão. Fielmente observado, o dever do coração eleva o homem; como determiná-lo, porém, com exatidão? Onde começa ele? Onde termina? O dever principia, para cada um de vós, exatamente no ponto em que ameaçais a felicidade ou a tranquilidade do vosso próximo; acaba no limite que não desejais ninguém transponha com relação a vós."[7]

[7] *O evangelho segundo o espiritismo*, Capítulo 17, item 7.

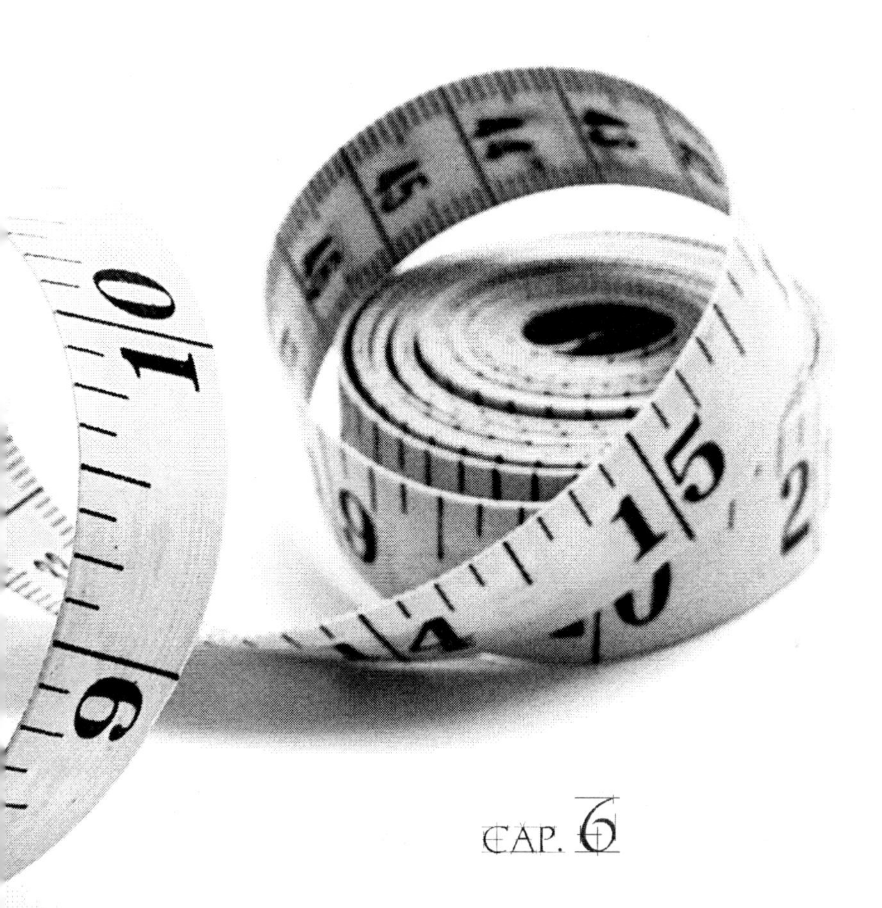

CAP. 6

CASAMENTOS QUE LIBERTAM

CASAMENTOS QUE LIBERTAM

"Com o egoísmo e o orgulho, que andam de mãos dadas, a vida será sempre uma carreira em que vencerá o mais esperto, uma luta de interesses, em que se calcarão aos pés as mais santas afeições, em que nem sequer os sagrados laços da família merecerão respeito."

Pascal (Sens, 1862).

O evangelho segundo o espiritismo. Capítulo 11, item 12.

A afetividade é uma necessidade essencial do ser humano – fonte de vida e equilíbrio, saúde e sanidade. Sem ela, a criatura se asfixia na dor da carência emocional.

O mundo em que vivemos, em ambas as esferas de movimentação, tem sido palco das mais lamentáveis tragédias do amor. Qual seria em síntese a causa das grandes lutas atuais nos relacionamentos afetivos? O que estaria por trás das amargas desilusões em torno daquelas promessas encantadas, dos consórcios felizes dos primeiros encontros entre dois corações?

Sem refletirmos sobre o egoísmo, não conseguiremos entender com clareza a natureza das provas do coração nas quais se envolve esmagadora percentagem da humanidade terrena.

Um dos mais punitivos resultados da personalidade que tecemos em milênios de delírio egoístico é o hábito de exigir da vida o que a ela não damos, lesando a nós próprios com os efeitos infelizes das cobranças e expectativas.

O egoísmo pelo qual optamos na experiência evolutiva nos consome com pesadas consequências. Em razão disso, perante as mágoas, não temos força para perdoar. Por sua causa, não sabemos conviver pacificamente com os desapontamentos e com a frustração. Por meio de sua ação perturbadora, somos constrangidos a lamentáveis dependências afetivas para adquirirmos o que acreditamos ser segurança e realização.

Devido às mágoas, o egoísmo dilata o sentimento de perda e pode levar à depressão.

Devido às contrariedades do caminho, pode onerar a alma com a irritação e o desânimo.

Devido às dependências, pode conduzir ao despenhadeiro da tormenta mental e do desregramento.

Alguns casais passam uma existência inteira como escravos do processo de exigência do amor um do

outro, habituando-se a dar o que um cobra do outro e avançando para uma união suportável, ainda que pouco educativa e extremamente simbiótica, não permitindo a autonomia que enobrece e liberta.

Na natureza desses relacionamentos, excetuando-se raríssimas exceções, constata-se a nociva tendência de cultivar elevadas expectativas com os que nos partilham as vivências afetivas. Espera-se sempre ser amado, como se isso fosse garantia de uma relação saudável e duradoura ou, ainda, sinônimo de fidelidade e amor verdadeiro. Criam-se, então, muitas máscaras com o nome de "provas de amor" capazes de sustentar as exigências um do outro somente pelo tempo em que durar os estímulos da paixão, que iludem com a sensação de um estoque temporário de afeto. Quando o estoque de um dos dois se esgota, se o par não dispõe de habilidades emocionais autênticas, distantes do sentimentalismo passageiro, não encontrará recursos para vencer crises e desafios naturais da caminhada, tombando nos leitos dolorosos da decepção e da ofensa, tornando-se presa fácil das velhas armadilhas do coração – expressões sutis do egoísmo.

Infidelidade e separações, desencanto e fuga originam-se da incapacidade humana de gerenciar seus sentimentos em direção ao fenômeno emocional e mental da desvinculação. Raramente os cônjuges escapam dessa amarga realidade da conivência amorosa. Somos herdeiros da indiferença, com a qual arquivamos na subconsciência infinitos desvios da vida afetiva e, com isso, lesamos os nossos centros da sensibilidade sediados no corpo espiritual. Hoje, retomando o corpo físico e socorridos pela luz espírita, somos convocados ao reajuste do nosso mundo emocional. Para isso, teremos de aprender a carregar o peso dos reflexos da insegurança e da solidão, da dependência e do medo, que nada mais são que expressões reeducativas do afeto.

O conjunto das chamadas incompatibilidades, com as quais o homem procura explicar suas alterações afetivas, nada mais é que do que uma prova que a vida nos coloca, na pessoa do outro, para nossa recuperação perante a consciência. A questão da sexualidade, nesse panorama, habitualmente é vista como a causa mais provável e justa para as infelicidades da vida a dois, razão pela qual convém refletir com mais profundidade sobre esse tema.

O prazer sexual é algo inerente à caminhada espiritual humana, constituindo uma necessidade biopsíquica-espiritual do ser. Devido aos deslizes cometidos no ontem, poucas vezes vamos escapar dos tormentos nessa área com aqueles que assumimos os compromissos de uma vida afetiva. Por esse motivo, o casal que queira vencer as aferições essenciais nessa prova deverá aprender a suprir, com companheirismo e ação edificante, os sopros indesejáveis de traição ou de desistência que são desferidos pela mente, quando em desalinho.

Justificar uniões interrompidas em razão de tais desacertos ainda é flagrante expressão do egoísmo dominante. Muitos relacionamentos que usufruem ricos prazeres corporais na sexualidade, se não constroem carinho e interesse altruísta, também sofrerão, a seu tempo, os lances da incompatibilidade por outras razões. Satisfação sexual, por si só, não é garantia de saúde nas realizações afetivas.

Observa-se, mesmo entre aqueles que foram iluminados pelo saber espírita, o abandono leviano perante paixões que irrompem repentinas nos velhos testes do triângulo amoroso. Nesses quadros, frequentemente constata-se que muitos companheiros analisam suas provas exclusivamente sob o enfoque da carência sexual, em razão das limitações que um dos dois apresenta para respostas satisfatórias e estimulantes. São as provas afetivas, cujo eixo é o desafio de transformar as decepções e as incompatibilidades em vínculos de respeito e legítima fraternidade, no triunfo sobre o narcisismo que nos consome há tempos.

Entretanto, poucos são os que se dispõem ao triunfo ante tais aferições da vida. A filosofia do descartável atingiu inclusive as relações. Estamos desistindo muito facilmente uns dos outros.

Mecanismos mentais, parcialmente conhecidos pelas ciências psicológicas da Terra, são capazes de criar ilusões perfeitas, com as quais corações desatentos permitem-se continuar prisioneiros do ego, quando, em verdade, são chamados ao testemunho da liberdade. Casos existem nesse setor em que a criatura é capaz de arquitetar inconscientemente uma traição do outro para que possa encontrar um álibi consciencial para sua traição – um sutil processo de fuga com tentativa de se absolver.

A arte de recriar relacionamentos só pode fazer parte da vida de quem descobriu que o afeto que se tem é somente aquele que se dá.

A grande meta dos investimentos afetivos é o desenvolvimento da amorosidade, ou seja, as atitudes que decorrem da alegria e do entusiasmo em deixar feliz quem está ao nosso lado, esquecendo-nos, se for necessário, das nossas próprias expectativas.

O desejo em ver o outro feliz é a alma dos relacionamentos duráveis e educativos. A alegria com o bem-estar alheio é o decreto de falência do egoísmo. O carinho e a ternura, o gosto em servir e o diálogo como autêntico ato de diversão são alguns medidores do afeto cristão, quando florescem espontaneamente entre os pares.

Só temos o amor que damos, porque experimentamos no corpo e na alma as benesses de sua essência.

Não vacilemos nesse desafio.

Sonhos não concretizados são convites do destino para renovação que liberta e promove.

Se por agora as aspirações não são de todo realizadas, não nos permitamos a fantasia, a revolta e a queixa.

Procura transformar a si mesmo, e não ao outro.

Todos nós temos o direito e a necessidade de sermos amados, mas a maior bênção para quem deseja realmente ser feliz é aprender a desafiadora lição de amar sem ser amado, se isso necessário for. Esse é o único amor que, de fato, nos pertence perante a vida e nos torna livres de todas as amarras, desenvolvidas por nós mesmos na longa trajetória das reencarnações.

Todavia, se já sucumbimos perante os arroubos da carência, jamais nos esqueçamos da palavra "recomeço". Retomemos as provas com decisão e coragem, perdoando-nos pelo insucesso e reconstruindo o caminho naquilo que podemos. Pedindo perdão e assumindo o compromisso da retidão. Seguindo em oração, deixando clara a nossa determinação de recomeço quantas vezes forem necessárias.

Se fomos nós o traído ou vilipendiado, prossigamos adiante sem cobrança. Estamos livres agora.

Caminhar com o ônus da mágoa ou da esperança ferida é colecionar mais um problema para nossos dias.

Quando queremos caminhar sem esmolar o amor alheio, já compreendemos que é muito mais gratificante amar do que nos acomodarmos no egoísmo de esperar o amor do mundo.

Só temos o amor que damos.

CAP. 7

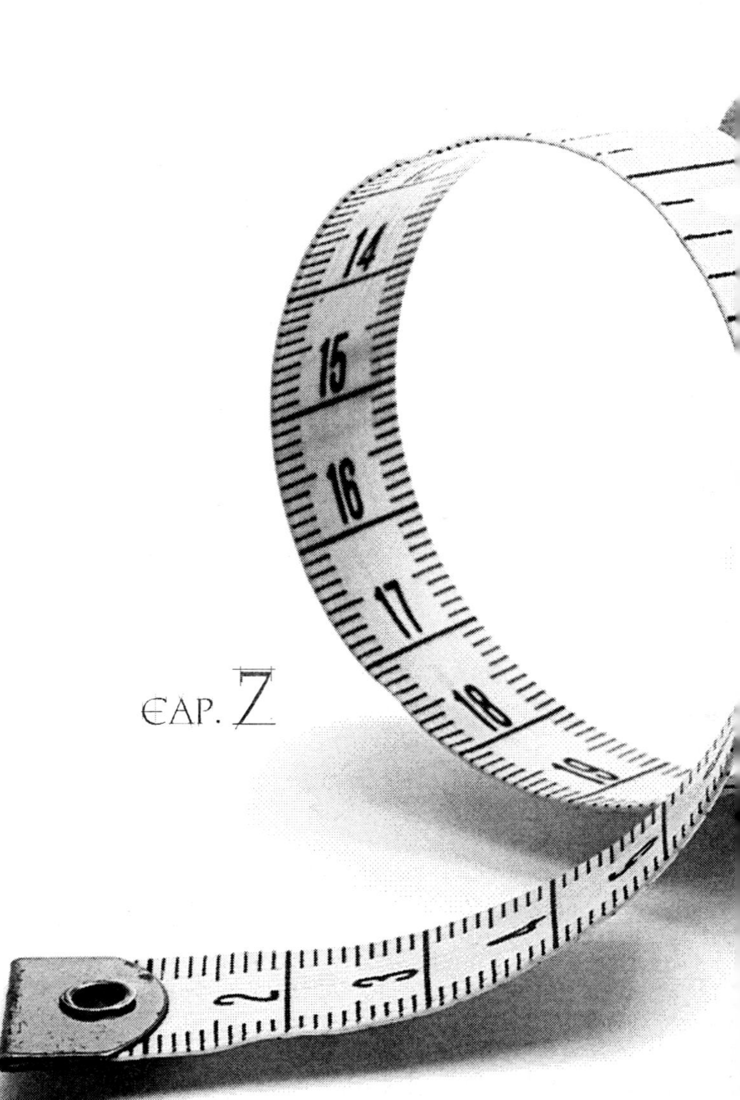

EDUCAÇÃO DOS SENTIMENTOS NA SEXUALIDADE

EDUCAÇÃO DOS SENTIMENTOS NA SEXUALIDADE

"Em sua origem, o homem só tem instintos; quando mais avançado e corrompido, só tem sensações; quando instruído e depurado, tem sentimentos. E o ponto delicado do sentimento é o amor, não o amor no sentido vulgar do termo, mas esse sol interior que condensa e reúne em seu ardente foco todas as aspirações e todas as revelações sobre-humanas."

Lázaro (Paris, 1862).

O evangelho segundo o espiritismo. Capítulo 11, item 8.

Por meio da disciplina, podemos controlar os impulsos vigorosos das forças sexuais no campo bioespiritual. Acreditar, porém, que esse controle significa o serviço completo na educação das energias criadoras da vida é analisar perifericamente uma das mais graves questões do nosso processo de crescimento para Deus.

Disciplina é meio, e a educação é a meta.

Falar em educação sexual sem nos referirmos ao esforço de elevação dos sentimentos é adiar o tratamento de severa doença. A renovação afetiva é um trabalho árduo de aprimoramento no tempo e requer condições específicas, similares a rigoroso tratamento médico-hospitalar da alma.

Primeiro, é essencial assumir a condição pessoal de necessitado, sem desamor a nós mesmos e sem a vergonha, que costuma criar muitos esconderijos para esse tipo de problemática. Sem culpas e sem medos, é necessário apelar para o auxílio, mas com plena disposição de nos tratarmos e de despendermos o esforço requisitado. Assumir é iniciar o compromisso da luta, é acionar a vontade ativa na melhora, é parar de fugir da responsabilidade conferida a cada um de nós de tomar conta de nossa existência, sem desculpismos. Se tivermos de assumir algo em torno das questões da sexualidade, que seja o lado nobre que todos possuímos e que podemos desenvolver.

Concomitantemente a esse interminável processo de autodescobrimento, é imperiosa a internação no hospital da convivência sadia, em que são cultivados os relacionamentos regenerativos e libertadores. Nesse tratamento da alma, encontramos motivações para o enobrecimento da conduta, ambiente moral indispensável à arte do aperfeiçoamento no que diz respeito à formação de hábitos novos na educação do afeto e dos impulsos. Graças aos estímulos morais decorrentes das atitudes saudáveis, despertamos sentimentos melhores e cultivamos ações nobres, constituindo-se um verdadeiro processo de reeducação. O estudo, a oração e as atividades assistenciais de amor formam a elevada psicosfera, na qual nutrimos o manancial de recursos de apaziguamento dos efeitos das mentalizações enfermiças, fortalecendo o campo emotivo com reflexos que iluminam as vibrações de amor autêntico. Assim, há paz interior para continuarmos a luta com mais empenho nos testemunhos de cada dia.

Nesse tratamento da alma, exercitamos o respeito ao corpo alheio, a capacidade de olhar com ternura, o toque com limite, o desejo submisso aos valores do bem e os pensamentos iluminados. Todos esses movimentos do ser estimulam, espontaneamente, sentimentos superiores, reacendendo nossas esperanças de progresso.

Essa postura dignificadora é o alicerce sobre o qual construiremos os novos moldes afetivos, que, pouco a pouco, serão enrijecidos como sólidas referências morais de nossas atitudes no dia a dia, estejamos onde estivermos.

Evidentemente, sendo portadores de delicada enfermidade, torna-se contraindicada a frequência aos locais que nos inclinem à recaída nessa área, bem como o contato com as explorações capitalistas da sensualidade. Afora esse aspecto, a aquisição dos novos sentimentos na utilização das energias criativas não escapa ao testemunho e à aferição na rotina, exigindo disciplina, vigilância, oração e vontade, não sendo prudente nem útil o isolamento ou a adoção de ações intolerantes como mecanismo de melhoria.

As relações conjugais, na intimidade do lar, também são roteiros educativos sem precedentes. A convivência do casal é escola de larga importância no exercício do amor, do romance nobre, educando as funções sexuais e submetendo-as à dignificação pelas trocas afetivas antes mesmo de movimentarem as energias eróticas na direção do prazer físico. Para isso, a convivência a dois deve ser um eterno namoro, mantido por meio do cultivo equilibrado e espontâneo de condutas amorosas na rotina, preenchendo a vida de ternura e gosto para conviver. O diálogo, nessa oportunidade, é um termômetro do nível de afeição do casal. Se o par compartilha de diversas emoções na vida diária, se guarda interesses comuns junto aos grupos sociais, se faz esforço para a preservação do bem-estar do grupo familiar, se está, portanto, de mãos e corações entrelaçados frente aos desafios da existência, então o prazer sexual estará, igualmente, submetido ao afeto, garantindo a sobrevivência dos ideais superiores e a consolidação de novos reflexos na utilização do patrimônio das energias sexuais.

Sem dúvida, conviver bem com nós mesmos e com os outros é uma sublime escola de educação da sexualidade. Entretanto, se detemos algum conhecimento das realidades espirituais, não sejamos severos demais para conosco, querendo evitar o "não querer" sentir o que sentimos e penetrando, assim, nos sombrios labirintos do remorso e da tristeza, da negação e da cobrança.

Por muito tempo ainda seremos assediados por impulsos menos nobres no coração e no pensamento, que nos inclinam a ações pouco dignas. Embora o incômodo e o desespero que semelhantes tendências nos causam sejam defesas para não incorrermos em novos deslizes, não sejamos ingênuos nas análises perante tais ocorrências naturais do processo autoeducativo a ponto de imaginarmos que em nada estamos mudando ou de que nada estão valendo os nossos esforços de reforma interior.

Recordemos, sempre, que a única diferença entre a nossa presente busca pelo crescimento espiritual e os milênios de acomodação no erro é que, hoje, estamos fugindo das imperfeições as quais antes perseguíamos.

Quanto às virtudes e conquistas, especialmente na área da sexualidade, somente com o tempo podemos avaliar nosso progresso, mesmo assim, apenas se continuarmos caminhando cada vez mais em busca da autossuperação.

CAP. 8

ENERGIA ERÓTICA E RESPONSA-BILIDADE

ENERGIA ERÓTICA E RESPONSABILIDADE

"Amai, pois, a vossa alma, porém, cuidai igualmente do vosso corpo, instrumento daquela. Desatender às necessidades que a própria Natureza indica é desatender a lei de Deus."

Jorge, espírito protetor (Paris, 1863).
O evangelho segundo o espiritismo. Capítulo 17, item 11.

A forma com que nos relacionamos com o corpo é um termômetro aferidor de nossos sentimentos mais profundos. A máquina física é um polo indutor de sensações e de sentimentos, e tão intenso é o vínculo com ela, que os encarnados se sentem como se fossem seus próprios corpos, pois neles e por eles se tem a percepção de existir e de viver. É o fenômeno de expressão pessoal no mundo carnal. Por essa razão, o corpo constitui um excelente instrumento de autoconhecimento, e podemos mesmo considerá-lo um espelho da alma.

As heranças morais que arquivamos, em sucessivos regressos à vida corpórea, nos longos períodos evolutivos conduzem-nos a uma visão reducionista sobre o significado abençoado da organização corporal.

Essa visão reducionista separa o espiritual do material e estabelece modelos de comportamento para a satisfação dos desejos e interesses, criando uma cultura empobrecida de bom senso e lógica. A sexualidade assume um caráter problemático e de drama social, em face da carência de educação nesse campo por parte da maioria esmagadora da população.

Com a visão mais ampla, encontramos um vínculo entre nossos erros e a nossa condição espiritual e, então, a sexualidade assume conotações ético-morais de ampla variedade.

O princípio da imortalidade conduz-nos a repensar as necessidades sexuais sob o enfoque da responsabilidade e da educação. A dualidade corpo-espírito abriu um leque de exames nesse tema e o avanço das ciências psíquicas, igualmente, consolidou elos entre sexualidade e afeto, vida e saúde.

Apesar dessas conquistas, faz-se necessário considerarmo-nos aprendizes que ainda estão no início das aquisições nos temas do coração e do sexo nos dois planos da vida.

Fazemos esses apontamentos com o sentimento de integral respeito à condição espiritual que ainda carregamos: a de criaturas carentes e desejosas de melhoria. Necessitamos de muita paciência, compaixão e autoperdão nesse setor, sendo ineficaz, injusta e mesmo inoportuna a ilusão de saltos evolutivos, tão somente porque o conhecimento espírita iluminou nossa mente com novas perspectivas.

Ainda lutaremos longamente com as tendências e com os impulsos que alicerçam nossa orientação sexual e teremos ainda muito a realizar para formar um caráter novo, rico de valores seguros e salutares, que nos garanta uma condição renovada nesse tema. Isso, absolutamente, não nos deve desanimar, mas sim nos desiludir de possibilidades que, em muitas ocasiões, não passam de fantasias distantes do que realmente precisamos e conseguimos desenvolver nesse aprendizado.

Nossas lutas na questão da sexualidade dizem respeito mais à necessidade de reorientação da afetividade do que à contenção de impulsos de sensualidade ou à negação da orientação sexual que qualifica nossas expressões. Aprender a desenvolver sentimentos nobres é o caminho amplo necessário para a melhor utilização das energias criadoras da vida.

Para muitos, a castidade, nessa ótica, não significa abstinência, mas sim habilidade nos terrenos dos sentimentos. O estado da mente casta só pode ser definido pela natureza da vida afetiva do ser, ou seja, pela forma como nos comportamos nas nossas manifestações pessoais da sexualidade. Há pessoas abstinentes que estão enlouquecidas no campo dos sentimentos e há, também, aqueles que são vorazes no sexo, mas que não sabem nem mesmo o que sentem.

Essa conexão entre sexualidade e sentimento é o grande aprendizado a ser adquirido por todo aquele que deseja refazer seu caminho à luz da imortalidade.

Severo risco ameaça muitos corações sinceros que adotaram o espiritismo como roteiro de vida: a negação das necessidades sexuais, acompanhada pela falta de educação de sua vida afetiva.

Por não saberem lidar coerentemente com o patrimônio sublime da energia sexual que irradia ininterrupta e abundante, muitos adotam, consciente ou inconscientemente, o mecanismo defensivo da recusa em tratar suas lutas nessa área. Alguns idealistas, tomados de certo desespero de melhoria, são extremamente rigorosos com si mesmos, adotando costumes radicais de abstenção. Muitos, partindo para o outro extremo da insensatez, aderem a modismos e rendem-se ao labirinto do desequilíbrio, afastando-se totalmente de qualquer esforço educativo, alegando não estarem prontos para o que propõe o processo de espiritualização. Os primeiros caminham para uma alienação; os segundos, para uma omissão; ambos são escravos da precipitação e do orgulho pelo simples fato de terem tomado conhecimento das verdades sobre a vida futura.

A sexualidade não tem sido um tema suficientemente debatido pelos que foram abençoados com a luz espírita e, sem diálogo e troca de ideias, crescem a desorientação e a hipocrisia, assim como ocorre em qualquer campo.

As opções, então, são pelos extremos da angelitude ilusória ou do desânimo enfraquecedor. Deixando de tratar a questão, foge-se da possibilidade de analisar soluções coerentes e razoáveis para a sofreguidão e para as dúvidas que povoam os raciocínios, incendiados pelas múltiplas carências trazidas de outras vivências e da infância atual. Surgem, então, entre os que se arriscam a expressar um palpite ou uma análise, visões nem sempre maduras, que causam mais aflição e dureza nas almas por meio de mecanismos de culpa automatizados ou pela ansiedade de encontrar caminhos palpáveis para as angústias silenciosas de cada um.

Tem havido, portanto, muita confusão entre libertação espiritual e negação de impulsos. Vemos, assim, a oportuna chamada dos sábios instrutores da

Verdade como um apelo urgente e necessário para melhor encaminhar o nosso aprimoramento: que amemos a nossa alma, mas cuidemos igualmente do nosso corpo, pois "desatender às necessidades que a própria natureza nos pede é desatender a lei de Deus".

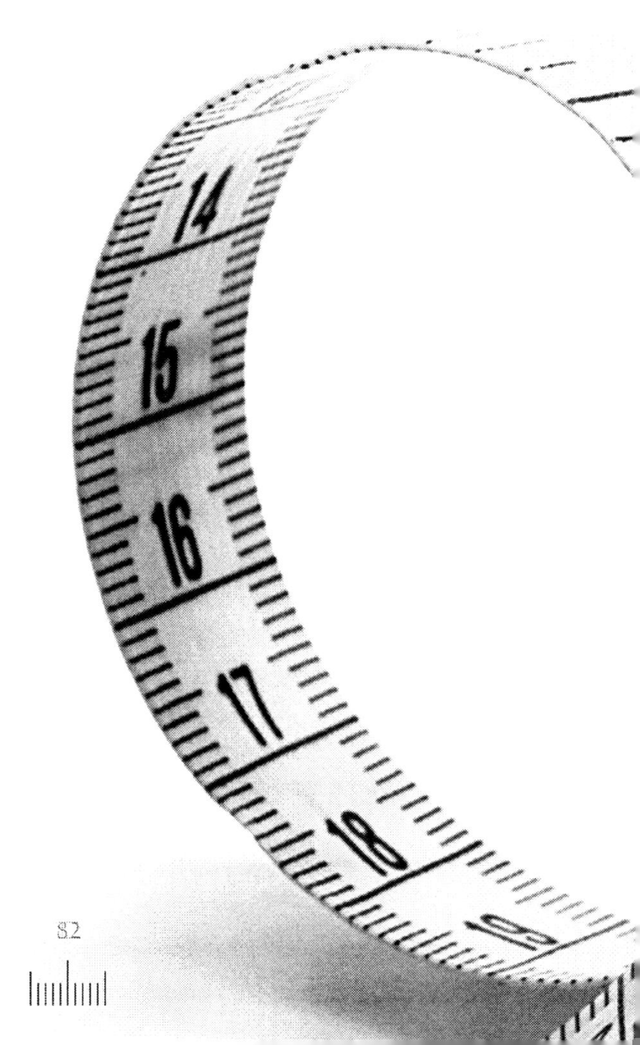

CAP. 9

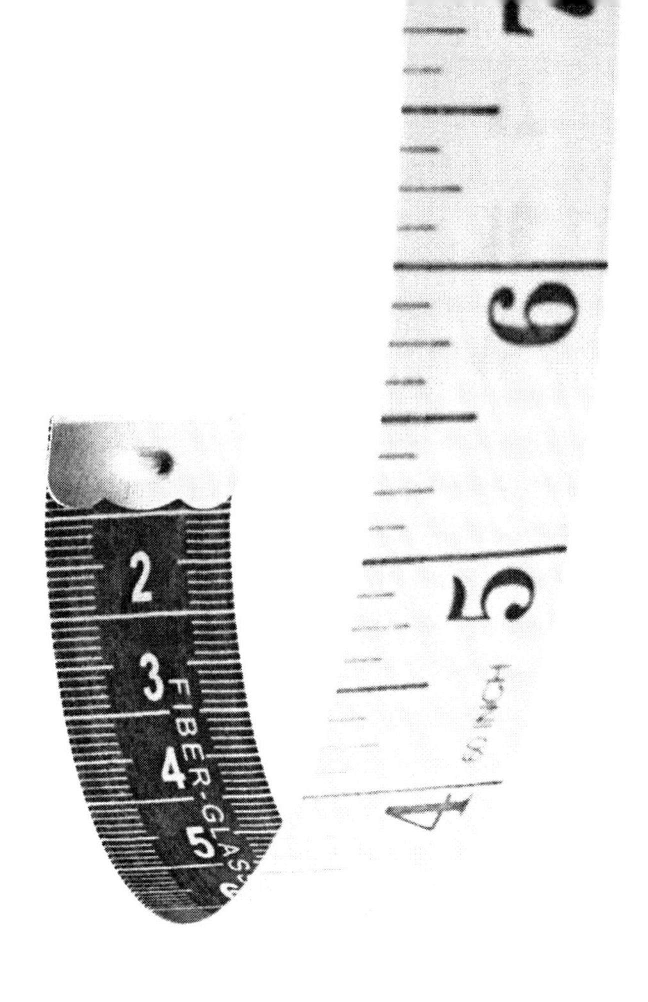

FRATERNIDADE: ROTEIRO DA CONVIVÊNCIA SAUDÁVEL

FRATERNIDADE: ROTEIRO DA CONVIVÊNCIA SAUDÁVEL

"Porque, se só amardes os que vos amam, qual será a vossa recompensa? Não procedem assim também os publicanos? Se apenas os vossos irmãos saudardes, que é o que com isso fazeis mais do que os outros? Não fazem outro tanto os pagãos?"

Mateus, 5:46 e 47.

O evangelho segundo o espiritismo. Capítulo 12, item 1.

A escola dos relacionamentos é o convite da vida para a vitória sobre o egoísmo. Viver é para todos; conviver é para poucos; e conviver bem é para quantos se disponham a iniciar uma nova jornada ante a nossa condição de cidadãos do universo.

Cada pessoa que passa pela nossa vida, ainda que superficial e circunstancialmente, é portadora de uma mensagem para nós, pois não existem relações casuais.

A boa convivência é necessária para a qualidade de vida. Quem a experimenta sorri mais, tem melhor resposta física, evita o cansaço dos aborrecimentos, conquista melhor nível de sono, vence facilmente a rotina, imuniza-se contra o tédio, amplia sua criatividade e vive na atmosfera da paz.

Livros se desatualizam, eventos fecham ciclos, instituições extinguem-se, mas os relacionamentos se perpetuam na consciência, pois são as únicas realidades palpáveis do espírito, são a essência da vida em nós.

Por isso, temos de aprofundar conceitos em torno da alteridade, encaminhando, da melhor forma possível, nossas questões de amor ao próximo, seja nas atividades educativas da doutrina, seja nas lições disciplinadoras da sociedade.

Vamos conceber essa alteridade, sem rigor técnico, como a singularidade que pertence a cada criatura. Naturalmente, o conjunto das singularidades humanas estabelece a diversidade e esta, por sua vez, nos solicita, perante o Criador, uma ética que reflita os princípios da harmonia e da evolução.

Assinalemos, de forma compreensível, que a alteridade é a nossa capacidade de conviver bem e em paz com as diferenças dos outros, rendendo a eles respeito e amor na forma como são e como se expressam em suas particularidades.

Reconhecemos a melhoria de nossas condições pessoais por meio da expressão espontânea de respeito a todos, indiferentemente de quem seja, sem que tenhamos de perder a nossa identidade íntima, podendo mantê-la sempre resguardada pela definição de propósitos e de coerência que são características de criaturas espiritualmente saudáveis.

A ética da interação social e da interdependência não determina que concordemos com tudo ou que aprovemos qualquer coisa, pois ela não nos retira o senso de valor moral enobrecedor, uma vez que nem toda singularidade está direcionada para as sendas do bem. Um exemplo: algumas comunidades ligadas a manifestações da cultura popular mantêm rituais ou práticas que não objetivam o progresso social, mas trazem benefícios para aqueles que cultuam suas lendas e tradições. Nosso dever é respeitar e buscar compreendê-las, aprendendo algo sobre a essência do outro através da busca por uma razão profunda e divina para aquele comportamento, algo, talvez, invisível aos olhos.

Portanto, perante as diferenças sociais, corporais, intelectuais, ou de qualquer outra natureza, adotemos a alteridade e vivamos em paz.

Muitas pessoas nutrem um terrível vazio existencial porque querem ter a capacidade de mudar o outro; querem se realizar no outro, pois acham que têm todas as respostas para ele, e querem anular a diferença alheia para se sentirem bem. Por isso, é tão comum encontrarmos deficiências no próximo. Sempre achamos que, se o outro mudasse em certos pontos, tudo seria melhor para ele, que, inclusive, seria mais feliz. Esse é o velho hábito da intromissão, que causa danos nas desconhecidas terras do mundo da diversidade, pois queremos moldar todos a gosto pessoal, talhando a igualdade como forma de encontrar a ilusória solução para tudo que nos importuna ou contraria os nossos interesses. Muitos conflitos nascem exatamente desse ato de apropriação indevida da conduta e da forma de ser do próximo, pois, não sabendo considerar a singularidade, tentamos combater a diferença ou, o que é pior, adotamos a indiferença.

Pensemos, urgentemente, na construção da conduta de interação social e de interdependência.

Prezemos e honremos as diferenças com a fraternidade, pois esse é o roteiro saudável proposto por Jesus em Sua sábia interrogação: "Porque, se só amardes os que vos amam, qual será a vossa recompensa?".

CAP. 10

JULGAMENTOS NOS AFASTAM UNS DOS OUTROS

JULGAMENTOS NOS AFASTAM UNS DOS OUTROS

"Para julgar-se a si mesmo, fora preciso que o homem pudesse ver seu interior num espelho, pudesse, de certo modo, transportar-se para fora de si próprio, considerar-se como outra pessoa [...]".

O evangelho segundo o espiritismo. Capítulo 10, item 10.

As razões que os homens usam para explicar suas próprias atitudes é algo inerente à individualidade de cada ser. Mesmo os mais perversos encontram "motivos justos" para suas ações nas justificativas criadas por seus raciocínios.

Juízos de natureza moral são sempre particulares e, por isso, não constituem boa argumentação para fundamentar defesas em prol de projetos de reorganização das atividades espirituais, os quais envolvam a nossa parceria com outros. Apontar condutas de pessoas ou instituições como base para propor mudanças enfraquece nossa disposição de cooperar, porque entramos em um campo essencialmente individual e inacessível. E, de mais a mais, julgar é expedir sentenças sobre o comportamento alheio, atitude em que quase sempre falhamos.

Juízes experientes declaram sentenças injustas, conquanto se preparem para não as fazer, e a maioria de nós costuma emitir sentenças e pareceres pelo hábito de criticar e analisar, superficial e parcialmente, os defeitos dos outros, sem qualquer sintonia com a verdade de tais pessoas.

O fato de cada individualidade ter suas razões é motivo bastante forte para que respeitemos cada qual em seu estágio evolutivo, o que não significa concordarmos com suas movimentações nem mesmo as adotarmos.

Aqui, penetramos em um dos mais delicados tópicos do relacionamento interpessoal em nossos ambientes de reeducação espiritual: a convivência pacífica e construtiva frente à diversidade de opiniões, entendimentos e posturas por parte daqueles que integram a comunidade da qual participamos.

Uma das tendências marcantes de nossa personalidade é estabelecer ideias pré-concebidas, expectativas mal dimensionadas e padrões sobre as ações alheias. Mesmo quando nosso julgamento é pertinente, preferimos nos referir e destacar a parte menos construtiva a ter de supor, em clima de indulgência e misericórdia, as motivações que ensejaram os comportamentos alheios.

Somos, comumente, escravos do nosso orgulho, que procura defeitos nos outros para tentar nos fazer sentir melhor. Entretanto, o próximo é o espelho dos nossos valores e imperfeições, e, quando lhe destacamos uma deficiência, precisamos voltar a atenção para nossa intimidade para descobrir o elo que temos com a questão em pauta. Sintonizamos, nas faltas alheias, exatamente as questões que temos mais dificuldade de lidar com relação a nós mesmos e, quando não temos consciência dessa sintonia, reforçamos mais aquele traço de dificuldade em nossa personalidade. Essa atitude de olhar a nós mesmos é um verdadeiro exercício de autodescobrimento.

A dificuldade consiste em redirecionar nosso milenar costume de ver "o cisco no olho do outro e não perceber a trave no nosso."[8].

Um bom princípio para reeducar a nós mesmos é cultivar continuamente o sentimento de sensibilidade e compreensão para com todos; é nos imaginarmos em um barco com a presença do Mestre conduzindo-nos pelas tempestades de nossas extensas carências espirituais e jamais deixar de recordar que estamos em níveis variados de crescimento para Deus.

---

[8] *Mateus 7: 3 a 5.*

Essa atitude exige de nós a disponibilidade de interagir e de criar vínculos de interdependência com as pessoas, ou seja, exige que reconheçamos a diferença, a distinção da qual o outro é portador, a fim de nutrirmos constante indução mental na formação do hábito de respeitar o modo de ser de cada um.

As defesas apaixonadas no campo dos julgamentos morais têm feito muito mal às nossas vidas e à concretização dos nossos projetos de crescimento. Ainda que nossos julgamentos muitas vezes sejam verdadeiros, devemos aprender com Jesus, nosso guia e modelo, como externá-los para não ferir e perturbar. Saber apresentar discordâncias e falhas é uma arte sobre a qual temos muito a aprender.

Lembremos o episódio inesquecível da mulher adúltera para termos uma noção lúcida sobre como nos portar frente à verdade dos que nos cercam. Naquela oportunidade, Jesus não faltou com o corretivo e nem a julgou; utilizando-se de um extraordinário recurso pedagógico, devolveu a particularidade dos juízos à consciência de cada um através do pronunciamento "atirem a primeira pedra os que se encontrem isentos do pecado"[9], e todos sabemos qual foi o efeito desse recurso na vida pessoal dos que ali se encontravam.

---

[9] *João 8: 3 a 11.*

Nossa necessidade de guardar ideias em forma de juízos definitivos e inflexíveis sobre as pessoas é fruto do nosso orgulho. Nossos julgamentos injustos pecam pela ausência de bons sentimentos, pela parcialidade e, acima de tudo, pelas projeções que fazemos de nós mesmos.

A dificuldade em aceitar as pessoas como elas são, enquadrando-as em concepções e padrões definidos pela nossa ótica de vida, precisa ser corrigida para melhorar o nível de entendimento em nossas vidas. A inaceitação chega a ser tão ostensiva, que nos magoamos com facilidade com as ações que não correspondem às nossas expectativas, ainda que elas não nos prejudiquem. Devido a essas expectativas exageradas que depositamos em pessoas e núcleos de convivência, ocorrem muitas cobranças injustas e ofensas dolorosas que só inspiram o revanchismo e a invigilância. Esse não deveria ser o nosso clima.

E como ficam os princípios imortais que deveriam esculpir o nosso caráter?

Sentimos grande decepção ao retornar à imortalidade, momento em que somos convocados a desenvolver novas concepções sobre fatos, pessoas, instituições e conceitos cultivados por nós ao longo de toda a reencarnação. A imortalidade quase sempre nos traz muitas surpresas nesse sentido, das quais a maioria constituem incômodos íntimos bastante desagradáveis para aqueles que optaram por juízos éticos rigorosos, excludentes e intolerantes.

Não existe a presença da perversidade em nossas atitudes, e, ainda que houvesse, deveríamos tratá-la como imaturidade emocional e moral. Em verdade, o que temos entre nós são necessidades extensas nos terrenos da melhoria espiritual, sendo necessária aos seguidores de Jesus a compreensão de que ninguém faz o que faz para magoar deliberadamente ou no intuito de denegrir. Esses são hábitos arraigados contra os quais estamos em permanente batalha.

Virá o momento do entendimento, da complacência e da tolerância como veredas de esperança para um tempo melhor. A isso chamamos união e fraternidade. Nessa hora, quando assentarmos à mesa, dispostos a contemplar a diversidade do outro e a dialogar como legítimos irmãos de ideais, descobriremos, surpresos, quão distantes da realidade se encontram nossos julgamentos, porque compreenderemos melhor quais eram as razões de cada um.

CAP. 11

CRIATIVIDADE: O CAMINHO DAS SOLUÇÕES INOVADORAS

CRIATIVIDADE: O CAMINHO DAS SOLUÇÕES INOVADORAS

"A inteligência é rica de méritos para o futuro, mas sob a condição de ser bem empregada. Se todos os homens que a possuem dela se servissem de conformidade com a vontade de Deus, fácil seria, para os Espíritos, a tarefa de fazer que a Humanidade avance."

Ferdinando, espírito protetor (Bordéus, 1862).

O evangelho segundo o espiritismo. Capítulo 7, item 13.

Em determinada cidade, os trabalhadores se viam diante de um acontecimento incômodo para suas atividades. Existiam dez casas espíritas, e todas exerciam o sublime trabalho fraternal da campanha do quilo. Como a cidade não dispunha de grande população, era comum, em uma determinada manhã de domingo, passarem por uma mesma rua até três instituições para fazerem seus pedidos de solidariedade, o que causava alguns inconvenientes aos trabalhadores e à comunidade.

Marcou-se, então, uma reunião entre os representantes dos dez centros espíritas para se discutir o assunto. Alguns compareceram com ânimo exaltado, porque se consideravam merecedores de maior consideração por serem os mais antigos a exercerem a tarefa; portanto, julgavam-se com direitos. Outros discutiam que a cidade tinha diversas necessidades sociais, propondo que algumas casas assumissem esses compromissos e deixassem a campanha do quilo para os jovens. As discussões prosseguiam, quando uma senhora, que frequentava há pouco tempo o espiritismo, propôs com naturalidade que cada semana a tarefa se realizasse em um dos bairros, com a presença de todas as casas – uma campanha unificada. Dessa forma, os gêneros daquela semana seriam de um centro previamente escalado, e tal ciclo poderia ser repetido até atingir todas as dez organizações. O volume de doações seria maior, as pessoas se integrariam, formando uma amizade no movimento local, e cessariam os problemas com a comunidade. A ideia foi aplaudida e imediatamente aceita sem restrições.

Criatividade é a capacidade de dar existência a algo não existente.

Fruto da inteligência, a faculdade de criar implica utilizar diversos potenciais da alma para impulsionar o ser para frente, destinando-o ao seu grande objetivo de progredir e cooperar na obra do Pai-Criador.

O pintor passa para a tela a ideia original nascida nas profundezas de sua mente. Ele mesmo, enquanto cria, delicia-se com a sua criação, porque, por meio dos pincéis e das tintas, encontra algo incomum de sua personalidade, vê na tela uma expressão profunda de si mesmo, descobre-se naquilo que executa.

Criatividade é a expansão do bom e do belo que existe de forma latente em nossa intimidade. Ser criativo é permitir ao deus-criador que dormita nos recessos da vida mental refletir-se em obras de beleza e paz, pelo bem de todos e de tudo.

Utilizar a criatividade é criar o novo, descobrir o inusitado, oferecer opções, apresentar soluções, ter atitudes incomuns, falar de forma inesperada. Em cada gesto, em cada passo, uma semente do bem é plantada no solo árido dos corações, gerando bem-estar e alegria, disposição de crescer e atração para amar.

Não costumamos ter olhos para a criatividade porque ela é o fruto saudável da liberdade dos sentimentos. Liberdade essa conquistada na medida em que afinamos o coração com a nobreza de caráter e com o autoconhecimento. As crianças, por exemplo, são muito criativas porque se sentem livres e são puras, tornando fácil e natural a tarefa de expressar a multiplicidade de ideias, a diversidade de visões incomuns que possuem.

O desconhecimento do que verdadeiramente está nas origens daquilo que sentimos nos leva a criar velhas associações mentais já condicionadas. Juízos rigorosos e padronizados são externados no automatismo mental de acordo com aquilo que se passa em nossa vida afetiva. Assinalemos, assim, a importância do alimento novo do conhecimento moral-espiritual como sendo um dos recursos mais nobres na elaboração de novas referências para o campo dos sentimentos.

No episódio da campanha do quilo, a senhora que propôs uma solução criativa o fez motivada por essa liberdade interior. Sua ideia foi acatada sem restrições porque era o que todos desejavam, mas não sabiam expressar. Ela captou a alma da discussão e soube diluir a sombra do mal através da opção iluminada. Em vez de criticar pessoas ou atitudes, ocupou-se em encontrar alternativas, centrou-se no desejo de ser útil e poupou possíveis observações que não contribuiriam decisivamente no objetivo da reunião. Quando a conversa penetrava o escuro portal dos condicionamentos de opinião, ela se permitiu ser livre para pensar o bem. Isso é o desprendimento mental dos condicionamentos que nos permite a expansão do poder criativo.

Muitas pessoas sentem-se bem por deter-se nos problemas ou nas enfermidades dos outros porque ainda estão apegadas às suas próprias dificuldades. Elas ainda não travaram um contato educativo com seu lado sombrio e, apesar de admitirem seus erros e imperfeições, ainda não conseguiram estudar com detalhes as particularidades de suas limitações na vida prática.

Muitos companheiros já foram para aquele encontro da campanha do quilo de espírito armado, prisioneiros de velhas emoções de domínio e superioridade, reflexos do sistema de posse que ainda aprisiona diversos corações nos campos doutrinários.

O que podemos fazer então para alcançar essa liberdade no sentimento e permitir a criatividade? Como expandir nossa criatividade a serviço do bem?

A criatividade brota espontaneamente como uma semente rica, que traz em si o germe do futuro fruto. Ela, portanto, precisa de condições para fluir com naturalidade, assim como qualquer semente solicita fertilidade, e a condição essencial de fertilidade espiritual é exatamente o trabalho interior com nossa vida afetiva. A descoberta do patrimônio que possuímos na vida emocional e a habilidade de reconhecer a natureza das vivências sentimentais permitem, paulatinamente, uma maior fecundidade de imaginação e de pensamentos para decidir e agir perante os desafios da vida. À medida que nos desenvolvemos, conseguimos ser mais competentes na interpretação do mundo dos sentimentos, fazemo-nos criaturas mais simples.

Muitos eventos que reúnem pessoas para discutir problemas terminam em conflitos devido à interpretação que damos à mensagem utilizada pelo outro, porque utilizamos para avaliar o outro os mesmos critérios que aplicamos a nós mesmos. Por exemplo, se alguém se julga mais experiente, como foi o caso de um companheiro na história das campanhas, então está inclinado a julgar os demais como menos experientes. Por sua vez, se alguém ostentar um valor que coloque em xeque a suposta maior vivência de quem se julga mais experiente, essa pessoa será vista como intrusa, precipitada e atrevida.

O costume humano é destacar os problemas, utilizar a inteligência para esquadrinhar as razões das atitudes alheias. No entanto, a maturidade das experiências ensina-nos a aplicar a energia e a criatividade na solução dos obstáculos de cada etapa. A necessidade de responsabilizar alguém é ação infantil e descuidada, que, normalmente, provoca hostilidades desnecessárias, acrescidas de desânimo e de obsessão, gerando clima para elevadas cobranças e expectativas. Essa fixação nos erros é uma faceta do doentio pessimismo do qual ainda somos escravos, porque não aprendemos a criar soluções para nossos próprios dramas íntimos.

A utilização da inteligência para captar a vontade de Deus leva a humanidade, mais rapidamente, ao avanço. A razão disso é muito simples: Deus, na condição de Criador, é riqueza e fartura para o bem de todos; portanto, compete-nos saber como sintonizar nossa mente nesse infinito oceano de bondade e beleza, a fim de aprendermos a arte de criar o bem em cada passo do caminho.

14
15
16
17

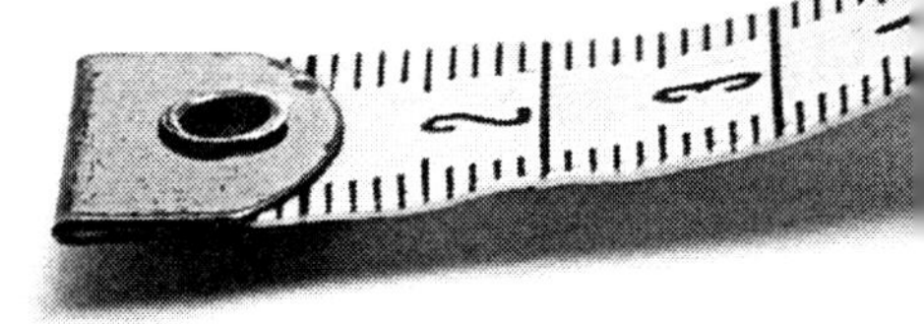

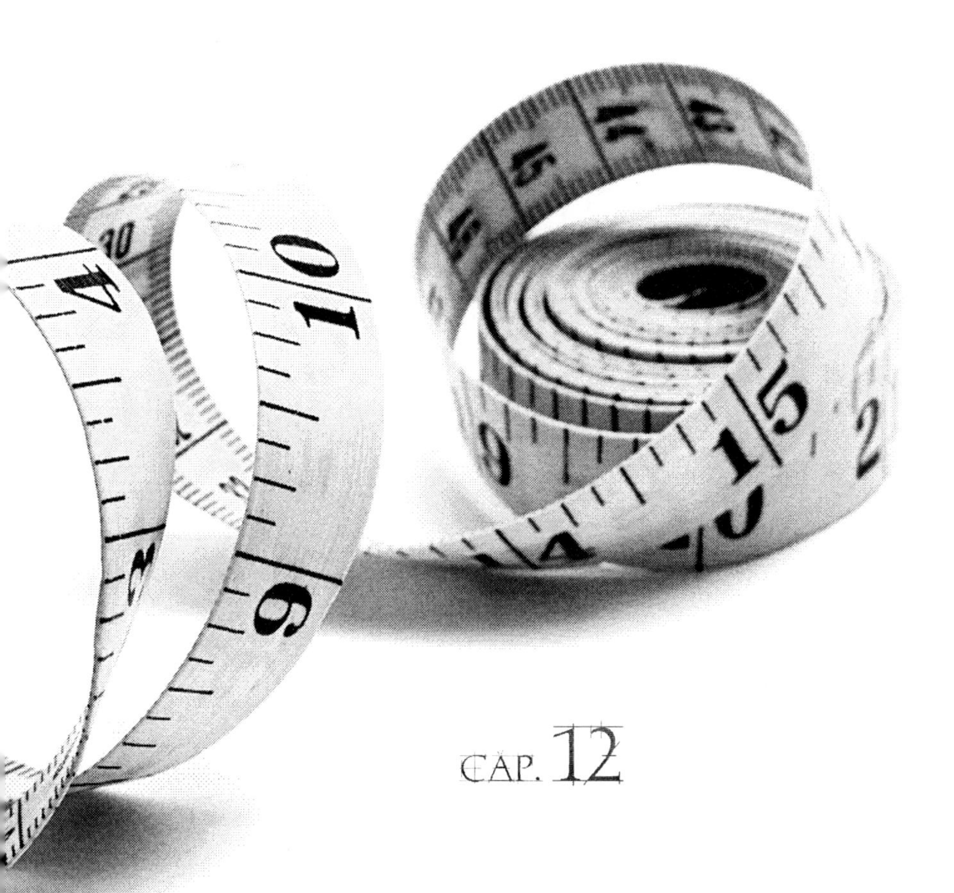

CAP. 12

ILUSÕES DA PERSONA-LIDADE HUMANA

ILUSÕES DA PERSONALIDADE HUMANA

"Com efeito, como poderá um homem, bastante presunçoso para acreditar na importância da sua personalidade e na supremacia das suas qualidades, possuir ao mesmo tempo abnegação bastante para fazer ressaltar em outrem o bem que o eclipsaria, em vez do mal que o exalçaria?"

O evangelho segundo o espiritismo. Capítulo 10, item 10.

Uma conhecida fábula humana relata o caso de alguns porcos-espinhos que tiveram seu hábitat atingido por uma intensa queda na temperatura. Quase se desfalecendo em frio intenso, a única medida viável seria aproximarem-se para se protegerem com o calor de seus corpos. Contudo, isso os constrangeria a sofrer as fincadas dos espinhos uns dos outros. Um deles, recusando a proximidade, escolheu abandonar o grupo em busca de abrigo, escapando do abraço doloroso – logo adiante veio a perecer, sem a menor chance de vencer as dificuldades.

A decisão do infeliz animalzinho é figura comum nos relacionamentos humanos e estabelece doentias crises de personalismo, que consiste na excessiva valorização de si mesmo e possui as mais variadas máscaras, quais sejam a vaidade, a tirania, a leviandade, a tristeza, entre muitas outras.

"Persona" é a máscara das artes gregas que significa "a cobertura, o inverídico, o ego". O sentimento do personalista é, assim, força de ostensiva influência nas operações da mente em razão da natureza das energias que mobiliza e atinge decisivamente o departamento mental da imaginação, desenvolvendo complexos mecanismos de egoísmo, os quais estimulam miragens variadas sobre si mesmo. Esse efeito mental leva a criatura a se encantar, em hipnótico fascínio, com qualidades, conquistas, posses, valores e experiências de vida, determinando ilusões de autovalorização excessiva e persistente.

No lar, o personalista ganha expressão através das regalias de que se faz credor, acreditando, devido à sua enfermidade, que o dever cumprido o credencia a ser servido incondicionalmente, sendo, portanto, uma promissória debitada aos familiares.

Na profissão, ocupa-se com a miragem dos direitos, esquecendo, quase sempre, as obrigações e funções que deve cumprir com empenho, dedicação e espontânea boa vontade.

Na comunidade doutrinária, sofrendo crises de memória, passa de assistido beneficiado à condição de trabalhador exigente, que se julga insubstituível e dotado de excelentes quesitos para o trabalho, em miragens de presunção e invigilância.

Essas são algumas das expressões das ilusões de nosso personalismo milenar.

Tomados por tais ilusões, atiçamos o autoritarismo, a indiferença e mesmo o descaso a muitos que nos compartilham os caminhos na convivência. Nesse clima, os espinhos do outro são sinônimo de incômodo e repulsa que nos levam, pela presunção, a permitir um estado mental não amigável, que, por sua vez, leva-nos a tombar nas armadilhas da maledicência, decidindo pelo isolamento, na centralização dos nossos interesses e da insensatez do querer.

Esse quadro faz com que sejamos parecidos com o porco-espinho solitário da fábula, que escolhe os rumos da frieza de afeto por desistir de abraçar o desconforto, os supostos oponentes e os menos simpáticos que surgem no caminho de suas atividades.

Nós, que já decidimos pela autotransformação, devemos olhar o trabalho como oportunidade e as vitórias como testemunhos da despretensão, com a finalidade de erradicar o cruel personalismo, do qual somos escravos infelizes, em busca da libertação.

A honestidade emocional no campo dos sentimentos é antídoto eficaz contra o egoísmo, pois devassa sem medo e admite sem inibição as mais secretas emoções da vaidade e do amor-próprio que se movimentam na nossa intimidade, realizando um autoencontro com as faces sombrias da personalidade.

Após esse mergulho interior, regressemos ao mundo das experiências, buscando a oração a Deus, integrando-nos ao Seu suprimento universal de energia, revigorando-nos as forças para dominarmos as tendências agora reveladas. Assim perceberemos, pouco a pouco, a extinção das falsas e atordoantes miragens que a imaginação destina aos departamentos mentais da decisão e da ação, em prejuízo do nosso melhor ajustamento nas experiências da reencarnação.

O desenvolvimento do sentimento de amor é antídoto eficaz para interromper o fluxo rotineiro da imaginação enfermiça, a qual mantém a autoimagem centrada na superioridade das qualidades pessoais que nem sempre possuímos. Sejamos nós mesmos e aprendamos a nos amar e valorizar sem ilusões.

O eminente Carl Gustav Jung, fundador da Psicologia Analítica, asseverou: "Só aquilo que somos realmente tem o poder de curar-nos". [10]

O amor é o sentimento projetado para fora, destinando a atenção e o interesse, o desejo e a vontade, na direção do próximo e da vida.

Os efeitos indesejáveis do personalismo para as nossas atividades podem ser percebidos quando nos acreditamos demasiadamente valorosos, evitando delegar responsabilidades por acreditar que ninguém as cumprirá com a mesma desenvoltura, ou ainda quando esperamos o reconhecimento alheio, mantendo-nos no clima da revolta e do desgosto se não formos recompensados pela gratidão do outro, magoando-nos com facilidade e promovendo a desunião, no caso de não sermos atendidos em nossos caprichos de serviço.

Ninguém é insubstituível na tarefa do Cristo, embora devamos assinalar que o tempo no serviço de regeneração da humanidade é escasso e cada abandono significa descontinuidade e atraso.

A nossa participação deve ser valorizada menos para as atividades externas e mais para nós mesmos, frente à extensão de nossas necessidades. Deixemos de lado o quanto antes as ilusões prejudiciais do nosso personalismo e ajuizemos com sinceridade a nossa condição espiritual.

---

[10]JUNG, Carl Gustav, *Memórias, sonhos e reflexões*. Rio de Janeiro, Nova Fronteira

Somos pequenos vaga-lumes que lampejam no bem e, no entanto, poderemos ser sóis fulgurantes de luz e calor espraiando nossos raios pelo universo.

CAP. 13

CONFIANÇA: CONQUISTA QUE PODEMOS CONSTRUIR

CONFIANÇA: CONQUISTA QUE PODEMOS CONSTRUIR

"Espíritas! Amai-vos, este o primeiro ensinamento; [...]".

Espírito de Verdade (Paris, 1860).

O evangelho segundo o espiritismo. Capítulo 6, item 5.

Junto aos nossos núcleos de ação, devemos destacar como prioridade a construção da convivência saudável, que promova a legítima liberdade e o crescimento de todos, exercendo o serviço na construção de indivíduos que aprendam a se amar perante a falta de igualdade coletiva, respeitando o conjunto de qualidades, aspectos ou tipos diferentes.

Relacionamentos sólidos necessitam de esforço gradativo do entendimento. A convivência fraterna e cristã é o resultado da entrega afetiva e do compartilhamento dos nobres ideais que preenchem de amor os corações em reeducação. Entretanto, semelhante obra das relações humanas reclama tecer, com o fio condutor da confiança, o manto acolhedor da amizade sincera, virtude das almas que creditam ao outro a oportunidade de vivências emocionais de profundidade ao longo do tempo.

Esse manto protetor é o agasalho perante as tempestades da incerteza, que costuma surgir através dos descuidos da maledicência, da dúvida improdutiva e das obsessões intermitentes, situações essas inevitáveis nos intercâmbios superficiais de pessoas e grupos que não se permitem a proximidade e fixam-se nos esconderijos emocionais com lamentável medo de amar.

Confiança é a concessão que espontaneamente creditamos uns aos outros em regime de fé na partilha diária. Brota na convivência e se fortalece na proporção em que fazemo-nos mais merecedores desse elo afetivo, sob a autoridade moral das ações retas que valorizam tais vínculos da alma.

Por outro lado, a dúvida é erva daninha, extenso e fértil campo para a sementeira da discórdia, da deserção, da inveja, do personalismo e da obsessão.

Trabalhemos por novos e promissores dias em nosso convívio, tecendo a rede espiritual da confiança em nossos campos de atuação, cultivando sinceridade com ternura e autoridade com exemplos contagiantes. Que esse esforço seja exemplo a incentivar e a sustentar o clima dos ambientes em que atuamos, exalando paz e alegria nos corações que aprenderam a amar Jesus.

Sem confiança, não há união sustentável, e, sem os pilares de união, nenhuma edificação de valor consegue erguer-se por tempo necessário para obtenção de bons resultados.

Não basta, porém, a convivência amiga e agradável, que pode derrapar no apego, na intimidade particularista, na ausência de limites educativos. Torna-se imperiosa a formação de relacionamentos que atendam a propósitos sérios, nutridos no desejo de instrução e melhoria, por meio de elevadas ações do bem afinadas com as diretrizes seguras da Boa Nova.

É preciso companheirismo e cumplicidade, bem como propósitos sérios que instruam, libertem e contribuam para o crescimento pessoal e grupal em direção à vida imortal.

Analisando o caráter de urgência de melhorarmos nosso relacionamento com os outros, compreendemos os motivos que têm levado muitos núcleos de convivência afetiva a permanecerem no campo dos desejos valorosos ou dos sonhos de ventura, tombando, quase sempre, na decepção e na descrença. Tudo isso acontece em razão do descompromisso de amar, primeiramente, o próximo mais próximo: nós mesmos.

Não foi sem razão a recomendação cristalina de Alan Kardec, quando orientou sobre as condições necessárias aos participantes dos grupos:

> "Cordialidade recíproca entre todos os membros; Ausência de todo sentimento contrário à verdadeira caridade cristã; Um único desejo: o de se instruírem e melhorarem, [...]"[11]

Afeiçoemo-nos ao clima da fraternidade e não desistamos jamais de construir a harmonia e o vigor moral.

Se desistirmos, nunca encontraremos o trabalho pronto.

Se nos preocupa que existam laços mais amáveis e cordiais, é porque devemos ser os primeiros a desenvolvê-los.

Convivência no amor é fruto de superação pessoal na obra da renovação interior. Adiar esse compromisso é o mesmo que adiar nossa própria melhoria.

Feliz a advertência do Senhor em concitar o amor ao próximo na justa medida do amor a si mesmo. O convívio com o outro será o reflexo fiel de como convivemos com nós mesmos nas experiências da vida.

---

[11] *O livro dos médiuns*, Capítulo 29, item 341.

CAP. 14

PRESSÕES ESPIRITUAIS EM NOSSA VIDA

PRESSÕES ESPIRITUAIS EM NOSSA VIDA

"Os falsos profetas não se encontram unicamente entre os encarnados. Há-os também, e em muito maior número, entre os Espíritos orgulhosos, que, aparentando amor e caridade, semeiam a desunião e retardam a obra de emancipação da Humanidade, lançando-lhe de través seus sistemas absurdos, depois de terem feito que seus médiuns os aceitem."

Erasto, discípulo de São Paulo
(Paris, 1862).

O evangelho segundo o espiritismo. Capítulo 21, item 10.

Uma questão na relação dos homens com os espíritos vem se tornando credora de urgentes ponderações. Temos assinalado uma acentuada propensão para transferirmos aos espíritos desencarnados a responsabilidade por nossos atos e escolhas. É crescente a ênfase dada à influência da espiritualidade inferior nos acontecimentos do dia a dia.

Mais do que ninguém, nós, que nos encontramos fora das faixas do corpo físico, temos de concordar quanto à parcela significativa de forças espirituais que exercem forte pressão sobre os caminhos humanos. Entretanto, como em muitas questões do nosso estágio de crescimento, o excesso tem acontecido nesse tema, provocando lamentáveis experiências, nas quais os homens que se julgam portadores de largos conhecimentos encontram álibis perfeitos para justificar muitas atitudes infelizes e com os quais procuram defender-se da responsabilidade pessoal.

Com muita frequência, têm-se constatado rompantes de conflito cuja análise das causas tende para os temas da obsessão, das ciladas ardilosas dos adversários e das forças contrárias. Enquanto é dada uma importância superlativa às pressões espirituais, deixamos de penetrar na escola da autorreflexão e da convivência grupal sadia para aferirmos qual parcela de compromisso cada qual possui nos insucessos ocorridos. Enquanto damos muita importância à obsessão e à ação dos opositores dos trabalhos, deixamos de avaliar quais foram os pontos de sintonia que tivemos com tudo o que aconteceu.

Fazendo assim, agimos como se fôssemos marionetes da espiritualidade, fugindo de lições riquíssimas, caso tivéssemos disposição de investigar as brechas mentais ou rachaduras no alicerce do comportamento que nos levaram a ruir as mais nobres esperanças de ascensão.

Uma infinidade de almas, iluminadas pelas bênçãos do espiritismo, tem chegado à vida espiritual apresentando como álibi para suas falências a tese das pressões obsessivas. No entanto, essas almas, após conseguirem coragem para se olhar sem as capas protetoras que criaram na sua vida mental, perceberam que a causa de tantas lutas reside nelas mesmas.

Inúmeros companheiros de ideal passam suas vidas escondidos atrás de fantasias próprias de suas almas, criadas em torno de obsessores e adversários das tarefas. Essas pessoas passam suas vidas completamente indispostas a se autoavaliarem na conduta, já que priorizam e preocupam-se com informes mediúnicos, descuidando de aferir os conflitos nas relações sob a ótica do discernimento e da honestidade emocional. Se procurassem em si próprios e na rotina de seus trabalhos, encontrariam razoáveis motivos para explicar as investidas espirituais contrárias aos ideais do bem dos quais participam.

Estejamos certos desse princípio universal: a sugestão vem de fora, mas a escolha é interior, podendo ser aceita ou recusada. Seja por induções mentais, seja pelos infinitos e criativos artifícios criados pelos oponentes do bem, o mérito da decisão é sempre de quem está no corpo, por ser livre e capaz de escolher.

Tumultos, dissidências e conflitos podem ser estimulados pelos desencarnados, mas nunca sem a responsabilidade daqueles que foram alvo de suas induções mentais. Muitas vezes, os envolvidos voltam-se, com excessivo valor, aos relatos mediúnicos sobre a natureza das armadilhas inteligentes que os obsessores souberam arquitetar, descuidando-se de registrar quais foram as ferramentas que cada um lhes disponibilizou para que trabalhassem em seus planos de oposição. Em resumo, as causas existentes nos homens para que os assédios ocorram ficam ofuscadas quando se é dada demasiada importância à ação do mundo espiritual.

É uma falta de caridade afirmar que a causa de problemas é de responsabilidade exclusiva das entidades espirituais quando o piso mental e moral para o intercâmbio entre os mundos é formado pelas escolhas humanas. "Não tivesse a liberdade de seus atos, o homem seria máquina"[12]. Igualmente asseveraram os mentores da verdade que "de ordinário são os espíritos que vos dirigem"[13], não sendo sensato deduzir que dirigem sem o consentimento do livre-arbítrio de cada individualidade.

---

[12] *O livro dos espíritos*, Questão 843.
[13] *O livro dos espíritos*, Questão 459.

De fato, pressões espirituais intensas têm sido atiradas sobre os que trabalham com seriedade e comprometimento. Todavia, isso deve ser motivo de alegria, pois é um sinal de que Deus conta conosco no reerguimento daqueles que se encontram com menos disposições ao bem do que nós. O fato de atacarem, de serem contra, é um indicativo claro de que algo lhes atrai naquilo que realizamos, pois, do contrário, ainda que estejam na condição de assalariados do além, não teriam expressiva força magnética quanto demonstram as suas intenções.

Devemos nos lançar o quanto antes a devotado programa de humanização no intuito de fortalecermos nossas relações com os outros, mas, sobretudo, abrir caminhos para uma comunicação mais livre e plena de saúde com nós mesmos. Esse investimento sólido será um eficaz adubo nos campos de nossas atividades espirituais, fortalecendo o terreno das semeaduras do bem contra as pragas ocasionais de nossas imperfeições.

Somente quem ainda não aprendeu as habilidades da fé e do otimismo, confiando plenamente em Deus e em Seus poderes no bem, empresta, aos adversários do amor, força maior do que a que eles têm.

Se não avançamos para a crítica e para a presunção de ações engenhosas, não devemos temer as ciladas do mal quando cultivamos a conduta reta.

A simples crença no bem, com a mente centrada na absorção dos inexauríveis recursos da misericórdia divina, é defesa de incomparável valor ante as incansáveis arremetidas dos opositores.

Não devemos focar nossa atenção nas pressões exercidas pelo que é externo, mas na capacidade de controle interior de todos os que estão gerando a luz em si mesmos, ante as investidas das trevas que sempre existiram e, por longo tempo, ainda vão existir na Terra.

Pressões psíquicas são termômetros vivos das fragilidades que temos em nós e, por isso, são um excelente campo de autodescobrimento e de educação para grupos e pessoas.

A convivência é um campo de lições primárias para os habitantes da Terra, em ambas as esferas de vida. A crítica não nos agrada, pois não fomos educados para ouvir as avaliações sobre nossa personalidade caprichosa. Sendo assim, é mais fácil retirar a responsabilidade de nós mesmos, transferindo a causa de muitas lutas que vivemos para espíritos ou vidas pretéritas. O personalismo venenoso que ainda aflora com intensidade de nossas ações cria uma barreira mental para as colocações educativas que as atividades em grupo nos propiciam. Muita sinceridade com amor e firmeza com brandura são exigidas de todos os que anseiam por vencer as estruturas protetoras criadas pelo individualismo enfermiço.

Vemos, assim, de quanta importância é o cultivo de uma convivência afetuosa e moralizante. A afetividade cria amarras de segurança que não se desfazem ao primeiro sopro de decepção. Havendo ternura e bem-estar no convívio, criam-se laços que são proteções para as horas de conflito e da corrigenda necessária.

Só existe pressão porque existe resistência mental e força de defesa, o que é um sinal de que quem resiste tem seus valores, suas qualidades. Em clima de atenção e vigilância, deixemos de lado certos devaneios causados por informações classificadas como mediúnicas e que, em muitas ocasiões, expressam, na realidade, os conteúdos culturais de alguns médiuns que não se reciclam no conhecimento e na vida interior, ou ainda de dirigentes que, escravos da presunção e de convicções irredutíveis, lavram sentenças na vida de quem com eles divide o trabalho e impõem-se como enviados ou missionários, conduzindo muitos à fascinação.

Os médiuns e dirigentes que se conduzem à luz da mensagem do Cristo devem fazer-se cartas de esperança e otimismo, desde que reconheçam a natureza, a amplitude e a força dos obstáculos que podem surgir pelas sendas das pressões espirituais.

A literatura mediúnica é farta e valorosa na explicação de infinitas formas de ação das falanges perversas, embora devamos esclarecer que todo o conjunto das informações disponíveis atualmente representa pequena parcela das criações dos espíritos que ainda se encontram nas fileiras do mal, rompendo com os limites éticos na busca de seus interesses egoístas. Apesar dessa grave realidade, mais do que conhecer as estratégias do mal, precisamos de lucidez nos raciocínios para entender a nós mesmos e para que a educação dos sentimentos edifique nossas defesas interiores contra as artimanhas da maldade calculada.

O temor e a excessiva atenção que conferimos às organizações que semeiam a dor devem ser redirecionados para a cautela e para a vigilância com o mundo íntimo. Nisso reside o alvo de todo o ideal que alimenta nossa rota para Deus.

Os que estão no corpo físico devem refletir sobre a enorme vantagem que possuem sobre os desencarnados em situações como essas aqui analisadas. O abafamento do cérebro é alívio e misericórdia. Nossos irmãos, entretanto, aqui na erraticidade, vivem as mais infelizes escravizações mentais íntimas e exteriores quando sob o rigor das lutas hipnóticas de baixo teor, sofrendo angústias, psicoses, culpas e dores psíquicas variadas, apelando para nossas preces com intensidade máxima. Uma prece sentida para essas criaturas, algumas vezes, é capaz de ser absorvida por elas como um remédio amargo, entretanto de grande eficácia.

Allan Kardec, na sua espontânea e saudável curiosidade científica, indagou aos espíritos: "Com que fim os espíritos imperfeitos nos induzem ao mal?"[14]. E eles, muito sabiamente, deram uma resposta simples e universal que deve ser profundamente refletida por todos aqueles que desejem melhorar suas relações com o mundo dos desencarnados. Responderam: "Para que sofrais como eles sofrem.".

Compete a cada um de nós optar por sofrer como eles por longo tempo ou sofrer por eles e avançar em libertação, sossego interior e alívio na alma.

---

[14] *O livro dos espíritos*, Questão 465.

2 3 4 5
FIBER-GLAS
4 5
60 INCH

CAP. 15

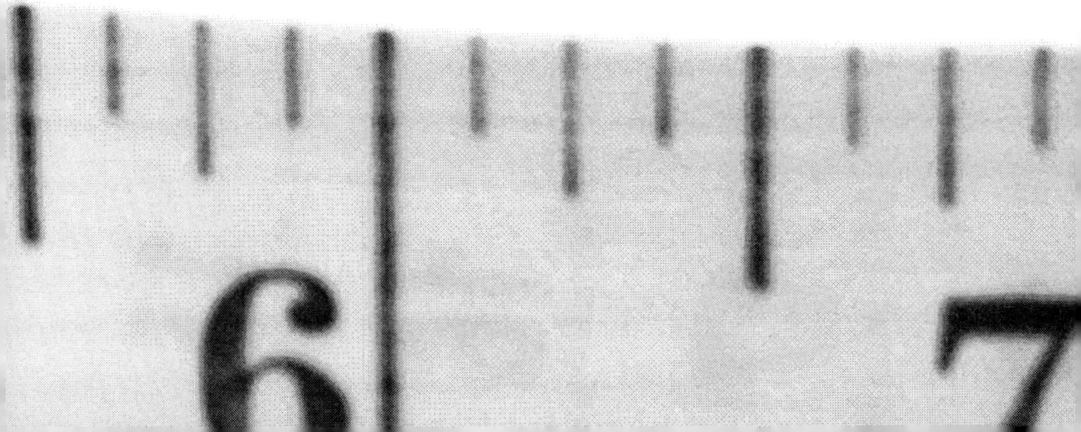

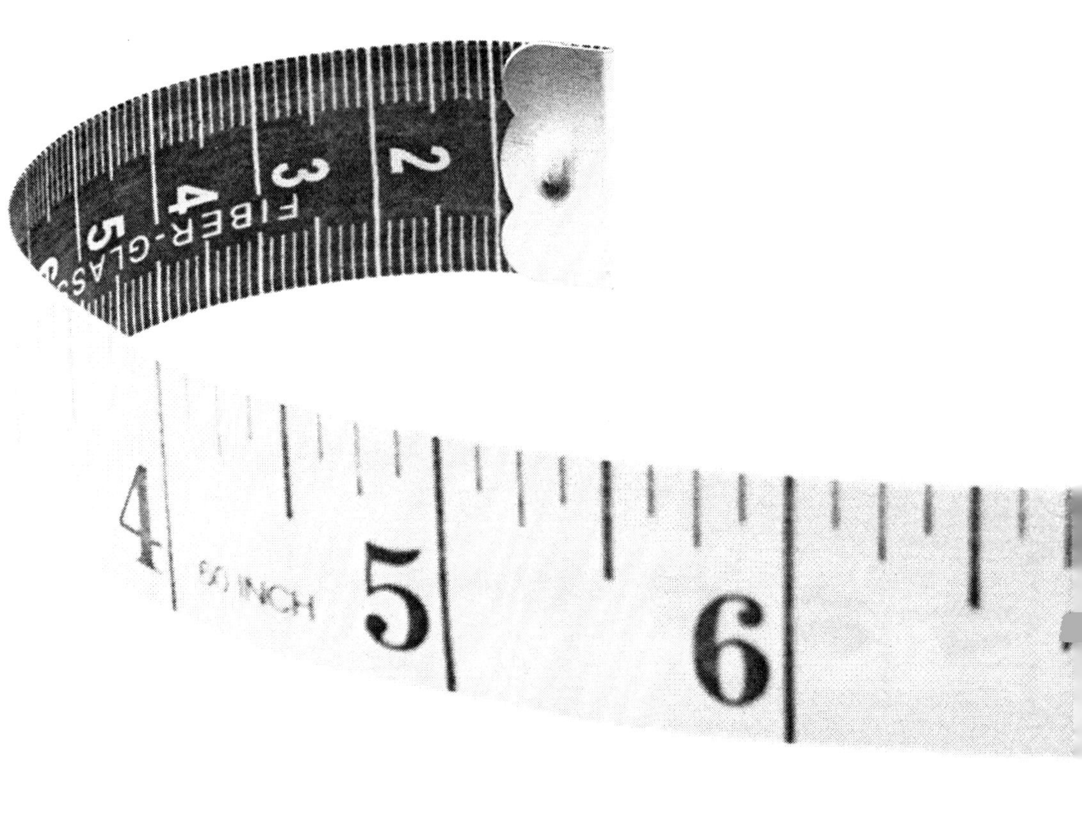

INTERCÂMBIO MEDIÚNICO: AUTOTRANSFORMAÇÃO

INTERCÂMBIO MEDIÚNICO: EXPERIÊNCIA QUE NOS CONDUZ À AUTOTRANSFORMAÇÃO

"A mediunidade é coisa santa, que deve ser praticada santamente, religiosamente."

O evangelho segundo o espiritismo. Capítulo 26, item 10.

Afeto entre corações domiciliados em planos de vida diferentes: uma temática de inestimável riqueza aos debates construtivos de nossos celeiros de amor.

Como ouvir com proveito os desencarnados, sem empatia com a dor do amigo ao nosso lado no plano carnal?

Como guardar interesse por corações que sequer conhecemos, quando andamos distraídos ao envolver com carinho os que são alcançados por nossa visão física?

Como amar espíritos em outra dimensão, se não intencionamos superar as barreiras afetivas entre nós e aqueles que podemos abraçar?

As relações entre encarnados refletem sobremaneira no grupo espiritual.

Embora possamos relacionar uma extensa e valorosa lista de benefícios colhidos com assistência e cooperação nas atividades mediúnicas, quando estas são realizadas nas bases do conhecimento, da responsabilidade e da boa vontade, é notável que, no momento atual, o volume de necessidades da alma tomou proporções incomparáveis, exigindo dos servidores um melhor preparo ante a variada gama de provações e expiações de quantos são atendidos nas reuniões, seja nos domínios da desobsessão seja nos campos da assistência espiritual à saúde ou em outras quaisquer vivências entre os planos físico e espiritual.

A composição das atividades mediúnicas deve obedecer a um processo de preparação afetiva e intelectual de seus integrantes, continuamente revitalizado e reciclado e, prioritariamente, convergido para os elos que se estabelecem no grupo a fim de que o exercício tenha plenitude de amor.

A prontidão no momento da tarefa e a harmonia com a direção executada em clima de parceira são pré-requisitos para a execução bem sucedida das atividades. Os sujeitos nelas envolvidos precisam, para alcançar esses requisitos, passar por etapas indispensáveis de aproximação pela convivência cristã e pelo reajuste pessoal na busca de equilíbrio.

A questão da afinidade, em matéria de exercício mediúnico, é acentuadamente decisiva para a obtenção de bons resultados.

E o afeto?

Como amar desencarnados, no quadro de suas lutas dolorosas, sem termos sensibilidade para com as dores do amigo que se assenta a nosso lado nas noites de atividade mediúnica?

Como amar espíritos do além sem amar também as pessoas que compartilham de nossa vida?

Afeto é um processo de construção que se dá com a convivência e com o amadurecimento pessoal e no qual trabalhamos nossos sentimentos para melhor atender, sob a tutela da razão esclarecida, as necessidades ou expectativas que permeiam o conviver.

O afeto faz vibrar a fé, que desenvolve e tonifica o sentimento divino de amor que reside em nós.

A ausência do afeto abre campo para a ansiedade, para a dúvida e para a distração mental vivenciada pela falta de concentração. Ele é, por assim dizer, o combustível da fé, e esta é o fio pelo qual Deus age para o bem de todos. Sem o afeto, faltam a segurança e o incentivo, condições essenciais para os que se empenham nessas atividades de assistência em nome de Jesus.

Dirigentes afetivos convencem. Sustentadores vibratórios amoráveis envolvem. Médiuns que amam libertam. Grupos amorosos espalham luz e paz.

Não se trata de sentimentalismo conivente, mas de abundância de sentimento iluminado pela razão que compreende.

As tarefas de interação com a esfera extrafísica, em uma perspectiva lógica e de bom senso, devem se concretizar após estarem assentadas as condições mínimas, de forma que essa importante iniciativa alcance sempre resultados satisfatórios e educativos na melhoria espiritual de todos os envolvidos.

Para tal objetivo, embora possam ser examinadas diversas considerações, somos favoráveis à ideia de que a composição dos grupos deve obedecer, sempre que possível, a uma sequência de crescimento e capacitação, a qual destacamos em duas fases.

Na primeira fase, deve haver o comprometimento dos candidatos em torno de um mesmo ideal de serviço, no qual encontrem os ensejos de edificar as propostas de melhor se conhecerem, supondo, evidentemente, que esses servidores já venceram as etapas de estudo e estejam empenhados na reeducação de si mesmos desde o instante em que se apresentaram para a execução da atividade. Esse ideal de trabalho conjunto deve, preferencialmente, ser voltado para o amor ao próximo e para a promoção humana, com o objetivo primordial de ensejar aos futuros aprendizes a oportunidade do encontro afetuoso e edificante, a fim de que não ingressem no dever do intercâmbio com os desencarnados como se pertencessem a mundos desconhecidos uns pelos outros, agindo repletos de limites e de desconfianças, o que exigirá prazo expressivo para superação durante as atividades em andamento.

Numa segunda fase, já construída uma direção lúcida e responsável, o grupamento é levado a descobrir qual o seu papel diante das novas responsabilidades assumidas, amparando os médiuns em seus desafios, especialmente os medianeiros da sustentação vibratória, dada sua relevante contribuição. Esse objetivo somente é atingido com avaliações continuadas nas fases dos primeiros anos, competindo ao condutor situar a equipe na psicosfera das variadas tarefas da casa, auxiliando os participantes a desenvolverem o hábito de tecer sinergia entre plano espiritual e as movimentações do plano físico naquela agremiação. Por outro lado, nos primeiros passos, também se devem destacar as pressões espirituais no campo mental de cada um, em razão das benéficas assistências prestadas nas noites de trabalho mediúnico, para que todos tenham discernimento e vigilância quanto às investidas e aos posicionamentos do mundo espiritual em torno de sua vida de rotina, em todas as áreas de sua colaboração, como no lar e na profissão.

A compreensão das verdadeiras finalidades do exercício mediúnico conduzirá os grupos a mudanças ostensivas, porque, ao reduzi-lo à prática da caridade aos desencarnados, priorizando-o como tal, podemos nos esquecer do seu objetivo essencial, destacado pelo codificador, que é a nossa melhoria e o conhecimento da Verdade.[15]

Melhor que muitas palavras esclarecedoras são as ondas vibratórias provenientes do sentimento com o qual os atendidos são acolhidos. O bálsamo do afeto e do carinho estimula a esperança, conforta os sofridos, sensibiliza os enregelados pela dor, tonifica os fracos, ampara os desvalidos e reergue os desanimados. A doação de amor, o interesse em auxiliar, a atenção altruísta no momento do diálogo fraterno com os desencarnados, a piedade sem sentimentalismo e a oração relaxante são canais de circulação dos recursos da Misericórdia Divina, em favor dos extensos e dolorosos quadros de dor, vício, arrependimento e culpa apresentados pelos corações desenfaixados da indumentária física. A esse respeito, destaca Allan Kardec:

"Por outro lado, o Espírito, em chegando a um meio que lhe seja completamente simpático, aí se sentirá

[15] *O livro dos médiuns*, Capítulo XVII, item 220 - terceira questão.

mais à vontade. Sabendo que só encontrará amigos, virá mais facilmente e mais disposto a responder. Quem quer que haja acompanhado com alguma atenção as manifestações espíritas inteligentes forçosamente se há convencido desta verdade. Se os pensamentos forem divergentes, resultará daí um choque de ideias desagradável ao Espírito e, por conseguinte, prejudicial à comunicação. O mesmo acontece com um homem que tenha de falar perante uma assembleia: se sente que todos os pensamentos lhes são simpáticos e benévolos, a impressão que recebe reage sobre as suas próprias ideias e lhes dá mais vivacidade. A unanimidade desse concurso exerce sobre ele uma espécie de ação magnética que lhe decuplica os recursos, ao passo que a indiferença, ou a hostilidade o perturbam e paralisam. É assim que os aplausos eletrizam os atores. Ora, os Espíritos muito mais impressionáveis do que os humanos, muito mais fortemente do que estes sofrem, sem dúvida, a influência do meio."[16]

A palavra grupo é derivada da italiana gruppo, cujo sentido original é "nó". A formação de grupos espíritas, portanto, deve se basear na ideia desse nó afetivo. Portanto, antes de fazermos reuniões de pessoas ou ajuntamento de trabalhadores para a mediunidade, desenvolvamos uma nova mentalidade, que é a do grupo de amigos que se reúne para

[16] *O livro dos médiuns,* Capítulo 29, item 331.

o aprendizado entre dois mundos. Nessa perspectiva, o modelo passa a ser o de grupos mediúnicos, e não mais o de reuniões mediúnicas. Provavelmente, as demais atividades se encaminharão nessa mesma direção, e não tardaremos a perceber melhores frutos em todas as iniciativas. Antes de aglomerações de gente, edifiquemos laços consistentes de paz e amor. Antes de arregimentarmos mais uma tarefa de intercâmbio com os desencarnados, consolidemos um canal de relacionamento afetivo e libertador, um escoadouro de paz para ambas as dimensões, uma escola de almas!

Afinemos, portanto, nossas expectativas no exercício mediúnico à finalidade primordial do espiritismo em nossas vidas para não desperdiçarmos a sublime aula educadora da mediunidade, que nos permite a libertação de nós mesmos por meio de nossa espiritualização, sem a qual não terá valor para nós o contato com a dor dos desencarnados ou com as orientações do Mais Alto.

Façamos um exame sincero de consciência diante do trecho a seguir e verifiquemos quais são os sentimentos que povoam nosso mundo afetivo diante dos portais da imortalidade:

"Se o Espiritismo, conforme foi anunciado, tem que determinar a transformação da Humanidade, claro é que esse efeito ele só poderá produzir melhorando as massas, o que se verificará gradualmente, pouco a pouco, em consequência do aperfeiçoamento dos indivíduos. Que importa crer na existência dos Espíritos, se essa crença não faz que aquele que a tem se torne melhor, mais benigno e indulgente para com os seus semelhantes, mais humilde e paciente na adversidade? De que serve ao avarento ser espírita, se continua avarento; ao orgulhoso, se se conserva cheio de si; ao invejoso, se permanece dominado pela inveja? Assim, poderiam todos os homens acreditar nas manifestações dos Espíritos e a Humanidade ficar estacionária. Tais, porém, não são os desígnios de Deus. Para o objetivo providencial, portanto, é que devem tender todas as Sociedades espíritas sérias, grupando todos os que se achem animados dos mesmos sentimentos."[17]

---

[17] *O livro dos médiuns*, Capítulo 29, item 350.

CAP. 16

EDUCAÇÃO EMOCIONAL PARA A FRATERNI-DADE

EDUCAÇÃO EMOCIONAL PARA A FRATERNIDADE

"A caridade e a fraternidade não se decretam em leis. Se uma e outra não estiverem no coração, o egoísmo aí sempre imperará. Cabe ao Espiritismo fazê-las penetrar nele."

O evangelho segundo o espiritismo. Capítulo 25, item 8.

O afeto, assim como as demais potencialidades da alma, necessita de educação e de exercício para se exprimir. Novos hábitos afetivos são adquiridos no esforço diário em estabelecer convivências agradáveis e saudáveis.

O cultivo da alegria, da cortesia, da maleabilidade, da ternura, da atitude de servir e do respeito ao semelhante são alguns dos exercícios diários que levam à fraternidade.

A fraternidade, esse sublime tesouro do espírito, não pode ser confundida com sentimento fugaz que acomete a criatura ora aqui, ora acolá. Ela é um estado de espírito nobre e elevado, decorrente da uniformidade de ações no bem, gerando o clima da plenitude íntima. A sucessão de atitudes de bem traz a harmonia e a coerência entre o pensar, o sentir e o agir, que, por fim, consolidam o patamar espiritual da fraternidade.

Fraternos são os que, identificados com a serenidade interior, dilatam a compreensão da vida e das criaturas, tornando-se sensíveis e afáveis, sem artificialismo e sentimentalismo.

Fraternos são os que se orientam pela indulgência, sempre alcançando o próximo com ações altruístas e solidárias.

Fraternos são os que se aplicam à disciplina de respeitarem e amar indistintamente.

Portanto, sensibilidade, indulgência e alteridade formam a identidade dos atos fraternais.

Sensibilidade que se aprimora no dinamismo da caridade promocional.

Indulgência que não ombreia com a conivência.

Sinceridade que estabelece a aceitação, porque compreende o papel do outro nos mecanismos do universo.

Essa essência da alma chamada fraternidade, perseguida pelas comunidades políticas e religiosas da história humana, tem, agora, no centro de interesses de desenvolvimento humano, o ensejo de doar seus frutos maduros aos que partilham o idealismo superior do Evangelho nos tempos modernos.

Conviver fraternalmente deve ser a essência de nossa busca. Na conquista das virtudes superiores, somos convocados a transformar os ambientes em que atuamos em escolas de desenvolvimento da disciplina e em centros de treinamento dos novos modelos de relações, gerando, de forma sistemática, elevado grau de valores morais e intelectuais que criarão elos profundos e ricos de lealdade, nobreza moral, motivação e consciência espiritual.

Conflitos e decepções, mágoas e desagrado, enfim, variadas reações inesperadas e desagradáveis surgirão, inevitavelmente, convidando-nos ao testemunho da superação pelo perdão nas fontes da resistência e do amor.

A fraternidade, como estado emocional, haurida como conquista sublime no transcurso dos tempos, é a base de nosso ideal, e devemos nos empenhar sempre para que se torne o clima moral das sociedades espiritualizadas na revivescência da Casa do Caminho[18] dos tempos de Jesus.

---

[18] A Casa do Caminho foi o primeiro núcleo fundado por cristãos em Jerusalém depois da crucificação de Jesus. É um modelo de organização que pode inspirar as casas espíritas da atualidade, conforme afirma Ermance Dufaux. Informações detalhadas da importância desse núcleo cristão podem ser obtidas no livro *Paulo e Estevão*, do autor espiritual Emmanuel, com psicografia de Francisco Cândido Xavier.

Destaca com muita felicidade o codificador:

> *"Essa a estrada pela qual temos procurado com esforço fazer que o Espiritismo enverede. A bandeira que desfraldamos bem alto é a do Espiritismo cristão e humanitário, em torno da qual já temos a ventura de ver, em todas as partes do globo, congregados tantos homens, por compreenderem que ai é que está a âncora de salvação, a salvaguarda da ordem pública, o sinal de uma era nova para a Humanidade. Convidamos, pois, todas as Sociedades espíritas a colaborar nessa grande obra. Que de um extremo ao outro do mundo elas se estendam fraternalmente as mãos e eis que terão colhido o mal em inextricáveis malhas.".*[19]

Na codificação, encontramos a orientação para que levantemos bem alto a bandeira do espiritismo cristão e humanitário, em torno do qual percebemos a união de todos os que já compreendem que, em seus princípios, encontra-se a âncora capaz de salvaguardar a ordem da sociedade, marcando o início de uma nova era em toda a Terra. Recebemos, também, o convite para participar dessa

---

[19] *O livro dos médiuns*, Capítulo 29, item 350.

grande obra que propiciará aos homens a oportunidade de estenderem-se as mãos ao redor de todo o mundo, colhendo o mal nas poderosas redes da fraternidade.

Esse alerta nos chama a dignificar a vida, priorizando o homem, suas necessidades e seus valores e evitando cometer, novamente, o descuido de uma nova cruzada pela supremacia da mensagem em detrimento do amor que merecemos uns dos outros.

Antes dos projetos de amor ao próximo na sociedade, estimulemos a fraternidade àquele que está ao nosso lado, àquele que divide conosco as responsabilidades espirituais das atividades transformadoras propostas pelo Cristo, gerando esforços pela convivência jubilosa e libertadora.

Não descuidemos, porém, da recomendação para que estendamos também as mãos fraternais nas relações humanas, tomando os grupamentos sociais como extensão de nossa família espiritual, nas doações de amor a que formos convocados sem regime de apego e insegurança.

Simplicidade, despretensão e desapego da personalidade são caminhos promissores para a educação emocional, a qual objetiva que a fraternidade aplicada faça parte dos nossos exames mais atentos e urgentes nos centros abençoados de convivência.

Assumamos a batalha íntima por esse ideal, perseveremos no trabalho, na oração e no tempo.

Ave a fraternidade!

CAP. 17

UNINDO ESFORÇOS EM DIREÇÃO AO AMADURECIMENTO ESPIRITUAL

UNINDO ESFORÇOS EM DIREÇÃO AO AMADURECIMENTO ESPIRITUAL

"'Trabalhemos juntos e unamos os nossos esforços, a fim de que o Senhor, ao chegar, encontre acabada a obra', porquanto o Senhor lhes dirá: 'Vinde a mim, vós que sois bons servidores, vós que soubestes impor silêncio aos vossos ciúmes e às vossas discórdias, a fim de que daí não viesse dano para a obra!'"

Espírito de Verdade (Paris, 1862).

O evangelho segundo o espiritismo. Capítulo 20, item 5.

Quando uma fatia de pão e um prato de sopa sustentam uma boca, alguém encontra forças para recomeçar. Quando se ergue uma escola para crianças, fecham-se portas de uma cela penitenciária. Quando se atinge a sensibilidade de um desafeto desencarnado, revolve-se a chave para libertação de muitas dores. Quando se ampara um viciado com orientação e apoio, a sociedade se torna menos penosa, com menos crime e desordem. Quando se acende a luz de um congresso, várias casas e estabelecimentos são fortalecidos em direção a metas mais sólidas nos campos da espiritualização.

Quaisquer tarefas que se ergam em nome do amor junto à nossa sociedade são, sem dúvida, uma claridade que se faz ante as densas trevas do ódio e da penúria, do abuso e da invigilância.

Cada núcleo de trabalho cumpre, a rigor, uma missão onde esteja situado. Face às necessidades humanas que se agigantam, uma porta espírita aberta é sublime recado dos céus em favor da esperança e da paz de que tanto carecemos. Por mais singelas que sejam as realizações, certamente se farão mensageiras de conforto e estímulo a quem lhe recorre em sofrimento.

Sendo tamanho o serviço a ser feito e tantos os dramas a serem socorridos, é incompreensível a rivalidade ou o desrespeito entre os centros de luz, desperdiçando forças que poderiam ser consumidas nas trincheiras do bem.

Percebe-se que a maioria expressiva de nossos ambientes de educação espiritual encontra-se em labor isolado e sacrificial, como se os centros fossem ilhas incomunicáveis. Respeitando todos, porém tecendo algumas ponderações educativas, pode-se dizer que tal estado de isolacionismo no qual se encontram nossas células de serviço é um atestado de descuido frente à obra imorredoura na qual o Senhor aguarda nossa contribuição.

A iniciativa de união é um dever que compete a todos nós, à luz da fraternidade, por meio do esforço de aproximação e entendimento.

Essa união cristã inicia-se no coração e está entregue a cada um que queira cooperar na inspirada iniciativa de fraternizar, aproximar e solidarizar.

Eventos e ações comunitárias implementadas pelo ideal de união são sempre valorosos esforços, principalmente quando visam à presença mais contínua da sensibilidade agregadora na diversidade dos núcleos de trabalho. Essas iniciativas afetam positivamente as relações entre amigos e corações que espontaneamente se buscam para a permuta e para a parceria nas quais todos saem beneficiados em maior profundidade.

Todavia, se não tomarmos o devido cuidado, a semeadura da fraternidade sofrerá os efeitos nocivos da prepotência e da intolerância quando formos chamados à união pelas estradas do coração.

Um dos mais lastimáveis frutos desse egoísmo é o fato de estabelecermos como referência única de verdade aquilo que se acomoda nos nossos limites estreitos de entendimento. Diante disso, nasce a velha tendência separatista e discriminatória que tem sido o pano de fundo emocional de todo isolamento infrutífero e avassalador que ainda contamina as obras em andamento.

Tenhamos sempre os braços abertos e as mãos estendidas a todos que alberguem o idealismo de Jesus e do consolador prometido, mesmo que trabalhem de formas que ainda não conseguimos compreender. Superemos as frágeis noções de território e limite, que são expressões de personalismo e domínio, e lancemo-nos em doação ou na recepção das bênçãos que felicitam o nosso aprendizado.

Cultivemos os valores da cortesia, da amizade, da predisposição em amparar, da despretensão, do júbilo em acolher um seareiro do mesmo caminho, da presteza em nome do amor incondicional.

Formemos cooperativas de afeto e de união como se fôssemos uma gloriosa colmeia, onde a permuta afetiva e dignificadora reflita a misericórdia compassiva do Pai por todos.

Esses círculos de fraternidade são fatores na promoção da finalidade maior de nossa causa: o amor. Honremos a causa, abraçando todos os que trabalham por ela.

Nenhum plano de Deus para essa proposta dispensa os atos fraternais. Passar por cima de valores humanos a fim de alcançar metas pessoais ou institucionais é engano provocado por velhas ilusões.

Testemunhemos pela causa, adotando como nossas todas as casas e acolhendo-as com afeto. Ergamos a bandeira do espiritismo que abraça a diversidade com respeito, acolhimento e bondade.

Estamos todos na mesma jornada e, por isso, demo-nos as mãos e enlacemos os corações nos rumos do aperfeiçoamento.

Analisemos essa gloriosa e inspirada fala do codificador:

> *"Os grupos que se ocupam exclusivamente com as manifestações inteligentes e os que se entregam ao estudo das manifestações físicas têm cada um a sua missão. Nem uns nem outros se achariam possuídos do verdadeiro espírito do Espiritismo, desde que não se olhassem com bons olhos; e aquele que atirasse pedras em outro provaria, por esse simples fato, a má influência que o domina. Todos devem concorrer, ainda que por vias diferentes, para o objetivo comum, que é a pesquisa e a propaganda da verdade. Os antagonismos, que não são mais do que efeito de orgulho superexcitado, fornecendo armas aos detratores, só*

poderão prejudicar a causa que uns e outros pretendem defender."[20]

Para exemplificar essa dinâmica de união e de intepretação dos fatos, lembremo-nos de uma pequena história:

Perante vários caminhos a escolher, um viajante perguntou:

– O senhor pode informar-me qual dessas estradas leva à Verdade?

E responde um itinerante:

– Todas elas conduzem, mas aquela, a do Amor, é mais curta e segura.

– E como saberei qual a grande cidade da Verdade?

– Prossiga, você descobrirá.

Então, o viajante foi-se e, tão logo avistou uma grande cidade, resolveu entrar e indagou a alguém:

– Aqui é a grande cidade da Verdade?

– Não. Aqui é a média cidade da Verdade, siga viagem, que a próxima é a que você procura.

Chegando, então, à cidade seguinte, indaga mais uma vez:

– Aqui é a grande cidade da Verdade?

---

[19]*O livro dos médiuns,* Capítulo 29, item 348.

– Não. Aqui é a pequena.

– Mas na cidade anterior informaram-me que seria aqui!

– Com certeza para quem lhe informou aqui é a grande Verdade, para mim é a pequena, e para o senhor, o que vai ser?"

O fio condutor para a Verdade é o amor, porque se ela é a essência da vida no universo, o amor é o elo entre o eu e ela.

Coloquemos quaisquer interpretações sobre o serviço espiritual no qual somos pequenos colaboradores como foco de atração para nos encontrarmos, pois o amor nos enlaça na essência daquilo que nos conduz à eternidade.

2

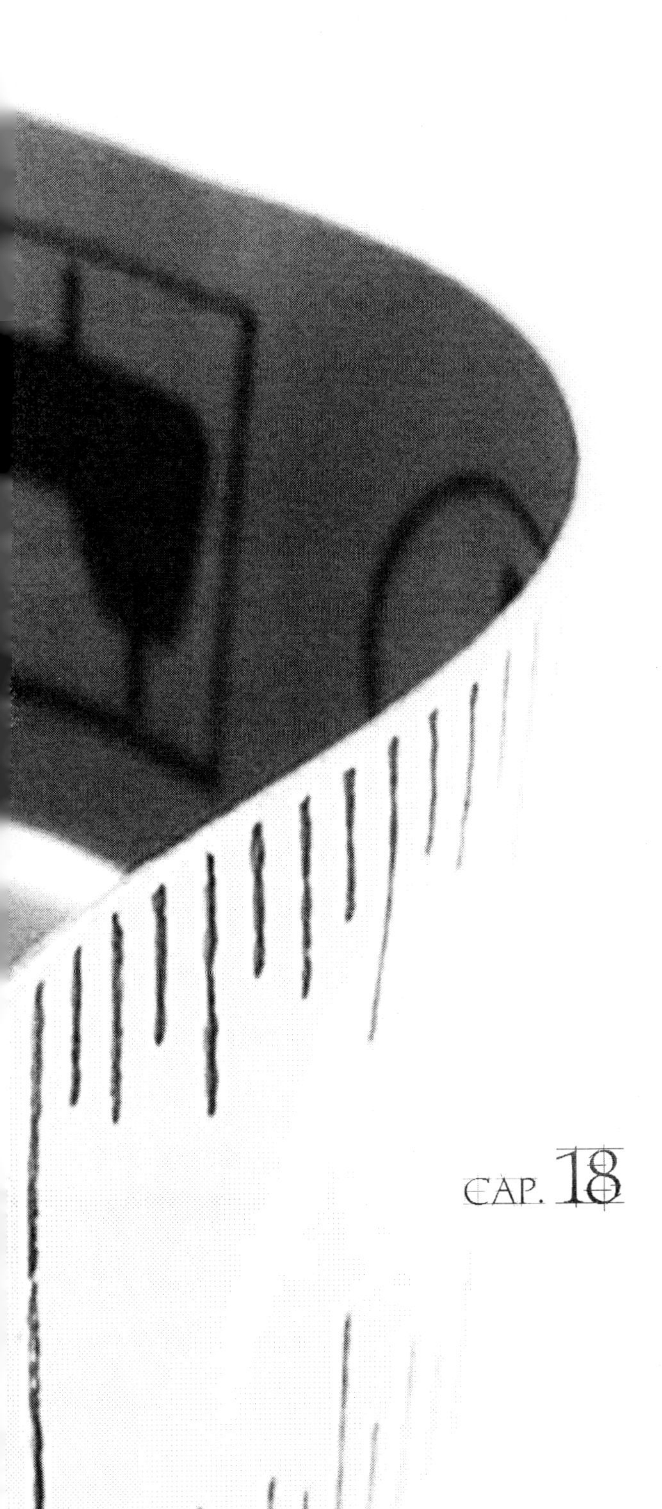

CAP. 18

GRUPOS SÃO A NOSSA VERDADEIRA IMAGEM

GRUPOS SÃO A NOSSA VERDADEIRA IMAGEM

"Para julgar-se a si mesmo, fora preciso que o homem pudesse ver seu interior num espelho, pudesse, de certo modo, transportar-se para fora de si próprio, considerar-se como outra pessoa e perguntar: Que pensaria eu se visse alguém fazer o que faço?"

O evangelho segundo o espiritismo. Capítulo 10, item 10.

A convivência é o campo das interações humanas no desenvolvimento das mais educativas experiências para a alma. Cada grupo de que participamos pode ser comparado a valoroso espelho no qual miramos a nós próprios sob diversos ângulos.

No quadro dessas lições de aprimoramento, vamos encontrar as decepções, as intrigas, os dissabores, as simpatias, as discordâncias, a amizade, o afeto e tantos outros processos emocionais e psicológicos que despertam forças e conduzem-nos a utilizar todo o nosso patrimônio para raciocinar e sentir, conforme as necessidades e ensinos provenientes da arte de relacionar.

Dessa forma, em cada conjunto de nossas vivências, sempre encontraremos aquilo de que mais carecemos na lista das oportunidades de crescimento dos valores espirituais.

Mesmo os grupamentos espíritas, que, na expectativa de alguns corações, não deveriam apresentar conflitos, desentendimentos ou problemas, são extensos campos de aprendizado e de engrandecimento que refletem com fidelidade a extensão de nossas necessidades de aprimoramento espiritual.

Apesar do ideal comum, compartilhado como principal motivação de todos, ninguém perde a sua individualidade simplesmente por escolher compor as diversas frentes de estudo e de trabalho erguidas em nome de Jesus. O entendimento pessoal, o temperamento, as carências, as habilidades e também as imperfeições continuam com suas características relativas a cada personalidade. Por esse motivo, na convivência, apresentam-se de modo expressivo as diferenças individuais, o que tornam necessários os ajustes na edificação de uma vida proveitosa e gratificante. Entretanto, habitualmente, a diversidade entre os integrantes tem sido terreno para disputas e atitudes desconectadas de uma convivência à luz dos princípios libertadores que abraçamos. Precipitações, desgosto, ofensas, intransigência e personalismo têm causado duelos injustificáveis na obra que não nos pertence, um descuido a se lamentar, considerando que a principal finalidade do espiritismo é a educação.

Diante desse quadro, convém aos trabalhadores interessados em servir com mais ampla harmonia em nossa comunidade observarem com atenção algumas recomendações que apelam para a vigilância e para a autoanálise. Em favor do melhor encaminhamento das oportunidades de conviver nos grupos iluminados pelo ideal e com pleno respeito ao princípio da diversidade humana, destaquemos:

- Aprender a discordar sem gostar menos de nossos companheiros.

- Aceitar cada pessoa como é, procurando entender os "porquês" dos incômodos que sentimos com esse ou aquele coração.

- Manter o diálogo franco e afetuoso com aqueles que forem motivo de nossas decepções.

- Pensar sempre com bondade sobre quaisquer pessoas, em quaisquer situações.

- Tecer críticas bem fundamentadas, mas sem o intento de convencer ou de humilhar.

- Compartilhar as angústias com as pessoas certas, evitando conceder tempo para que se cristalizem intensamente, transformando-se em maledicência.

• Ajuizar com isenção de ânimo o valor das ideias alheias.

• Orar sempre pelas criaturas com as quais antipatizamos.

• Manter sempre os limites sensatos da proximidade, sem a intimidade que corrói a harmonia e a saúde dos relacionamentos.

• Aprender a receber as críticas e saber tirar bom proveito dos elogios, sem entusiasmos ou paixões, tanto com um quanto com outro.

• Falar menos de si e ouvir mais o outro.

• Jamais se supor indispensável.

• Utilizar com maior frequência a terapia do abraço e do sorriso nos roteiros da afetividade.

Certamente, se cada um de nós se ocupar em oferecer o melhor de si, deixando o hábito milenar de encontrar os problemas externamente, o grupo do qual fazemos parte será lavoura fértil e produtiva para os frutos saborosos da convivência salutar em clima de alegria e motivação.

Aprender a conviver é lição de espiritualização humana. Considerando isso, analisemos se nosso ingresso na causa atende a interesses de destaque pessoal ou se nos encontramos, realmente, dispostos a olhar no espelho de nossos grupos e depararmo-nos com a verdadeira imagem de nós mesmos, com incondicional louvor a todas as diferenças.

Por mais doloroso que seja, defendamos essa ocasião de trabalho e de enobrecimento íntimos nas distintas células às quais nos achamos vinculados, buscando fazer sempre o melhor em favor da equipe e de nós mesmos.

14
15
16
17
18

CAP. 19

CONVIVÊNCIA SOCIAL: UM CANAL DE OPORTUNIDADES

CONVIVÊNCIA SOCIAL: UM CANAL DE OPORTUNIDADES

"Não julgueis, todavia, que, exortando-vos incessantemente à prece e à evocação mental, pretendamos vivais uma vida mística, que vos conserve fora das leis da sociedade onde estais condenados a viver. Não; vivei com os homens da vossa época, como devem viver os homens. Sacrificai às necessidades, mesmo às frivolidades do dia, mas sacrificai com um sentimento de pureza que as possa santificar."

Espírito protetor (Bordeaux, 1863).

O evangelho segundo o espiritismo. Capítulo17, item 10.

Cidadania é a prática da convivência social, respaldada na cooperação e na cumplicidade.

Praticarmos a cidadania significa formarmos uma visão do mundo e da vida, integrando-nos às relações de interdependência de forma construtiva e solidária. O princípio estrutural dessa visão é a natureza, que permanece interdependente do homem em sua trajetória evolutiva. Uma rede de processos e de sistemas sustenta o dinamismo natural da evolução, no qual o homem recebe retorno conforme os resultados felizes ou infelizes na forma de interagir com esse todo.

Sob a ótica universal, a palavra "sociedade" tem seu conceito ampliado. Inicialmente, ela é o contexto cultural no qual o espírito renasce corporalmente e, nesse sentido, é importante termos em mente o fato de que é impossível dissociar as sociedades intercontinentais e também a sociedade espiritual, pois elas são componentes de um ecossistema universal.

Nesse ecossistema galáctico, ao findar do segundo milênio, a humanidade carnal contabilizava aproximadamente 6,5 bilhões de almas sob a tutela da reencarnação, enquanto os censos espirituais davam conta de 24 bilhões de espíritos fora do corpo. Nesse cenário, de 30 bilhões de seres inteligentes compondo a população geral do planeta, algumas conjecturas otimistas levam-nos a calcular um contingente de espíritas em 1%. Esses dados servem-nos para aferir o que representa "ser espírita" em pleno século 21, considerando alguns poucos milhões de criaturas adeptos das propostas doutrinárias ou com alguma forma de contato com suas obras elementares.

Com esse tesouro incomensurável para a felicidade da Terra, temos de nos perguntar: qual será a nossa postura como cidadãos perante as inumeráveis tragédias e problemas sociais que afligem os continentes? Estamos fazendo brilhar a luz e assumindo o papel de "sal da terra" ou estamos adotando a omissão nesse momento de rápidas mudanças no planeta?

Essas questões merecem demasiada atenção dos que influenciam a opinião dos outros ou daqueles que se interessam em promover um debate urgente sobre nossa participação efetiva nessa etapa, designada como "período da renovação social".[21]

Torna-se imperativo estudar a questão da convivência de todos nós com a sociedade. Observam-se, sem exageros, corações sofrendo por ausência de orientação espiritual, mas residindo ao lado das abençoadas agremiações de amor. O objetivo dos núcleos espiritualizados deve ser a formação do homem de bem[22], por meio da participação consciente e responsável no progresso. O receio infundado ou mal conceituado de fazer adeptos tem incentivado um distanciamento entre nós e as necessidades comunitárias. Essa omissão cria uma falsa aura de pureza, que adota condutas intolerantes quando, na verdade, espera-se autenticidade, integração social, alegria e melhoria de quem frequenta as frentes de serviço. Dessa forma, impossibilita-se o diálogo

---

[21] *Revista Espírita*, Dez. 1963 (Período de Luta).

[22] *O evangelho segundo o espiritismo*, Capítulo 17, item 3.

participativo e realista sobre as lutas pessoais nas experiências diárias, subtraindo o ensejo de conduzir os princípios fundamentais para as experiências de vida.

O desenvolvimento de projetos de cidadania é uma excelente alternativa para que os nossos centros de trabalho promovam-se a sociedades geradoras de responsabilidade social e instrução libertadora. Não basta apenas o estudo informativo, é imperioso levar essa cultura ao nível de transformação efetiva e promocional, atingindo a condição de institutos de ética e cidadania à luz do espírito imortal.

O eminente educador Paulo Freire, em oportuno debate na vida espiritual, nos disse que:

> *"O desenvolvimento de projetos de convivência social, ou a ecologia social, deve ter como prioridade a educação moral no povo, porque essa é a educação que transforma e da qual todas as camadas sociais necessitam, contando ainda com a natural facilidade de não poder ser impedida por parte de nenhuma estrutura hegemônica ou conservadora. Essa educação apregoará uma cidadania centrada em deveres, mais do que em direitos, concitando o homem à tomada de uma nova postura social."* [23]

Essa educação moral, mais do que transmitir conteúdos espíritas, tem como iniciativa inserir a instrução de projetos, preparando a criança, o jovem, o adulto e o idoso ao desenvolvimento de habilidades afetivas, produtivas, cognitivas e espirituais, pertinentes à cosmovisão de vida que o espiritismo nos proclama, integrando-nos na condição de seres universais proativos.

Precisamos aprender a florir onde formos plantados.

As atividades da assistência promocional são muito valorosas, porém subjetivas e nem sempre educativas na sua atual configuração.

Mais que difundir conceitos, precisamos desenvolver valores, laborar com as competências que brotam do intercâmbio natural entre nós e a comunidade, prezando, antes de tudo, pela convivência e pela parceria, substituindo a expressão "assistência social" por "responsabilidade social" ou outra que melhor atenda a essa característica de cidadania.

Urge deixar de conceber essa iniciativa como mera tarefa, passando a aplicá-la como um campo natural de interação renovadora, um polo atrativo para engrandecimento de almas que se dispõem

---

[23]Paulo Freire, patrono da educação brasileira, em debate na esfera espiritual.

a gozar e a confirmar a sua condição de cidadãos cósmicos.

Allan Kardec já conjecturou sobre o assunto, dizendo:

> *"O Espiritismo não cria a renovação social; a madureza da Humanidade é que fará dessa renovação uma necessidade. Pelo seu poder moralizador, por suas tendências progressistas, pela amplitude de suas vistas, pela generalidade das questões que abrange, o Espiritismo é mais apto do que qualquer outra doutrina a secundar o movimento de regeneração; [...]"* [24]

Distanciemo-nos das miragens da presunção e da arrogância, as quais nos levam a acreditar em teses religiosas descabidas de conversão em massa. Nem o espírita nem o espiritismo tem ingredientes suficientes para criar a renovação social. Ao contrário, a sociedade é que decide, na sua sagrada condição de livre-arbítrio, o instante divino de absorver a Verdade e de buscá-la. Nesse momento, os conceitos imortais, como assevera o codificador, vão secundar, isto é, vão coadjuvar esse processo, em razão de seu poder moralizador e de suas tendências progressistas.

---

[24] *A gênese,* Capítulo XVIII, item 25.

Compete, pois, aos que já se encontram nas lides da espiritualização de si mesmos o dever de abrir janelas para o mundo, atestando, com seu exemplo, o esplendor da mensagem rediviva do amor, em plena forma de viver como cidadãos do universo.

CAP. 20

QUE LIDERANÇA EXISTE EM NÓS?

QUAL LIDERANÇA EXISTE EM NÓS?

"O egoísmo é, pois, o alvo para o qual todos os verdadeiros crentes devem apontar suas armas, dirigir suas forças, sua coragem. Digo: coragem, porque dela muito mais necessita cada um para vencer-se a si mesmo, do que para vencer os outros."

Emmanuel (Paris, 1861).

O evangelho segundo o espiritismo. Capítulo 11, item 11.

Ninguém desconhece a força positiva exercida pelas pessoas que possuem a habilidade de liderar. A atuação delas pode ser comparada à construção de pilares sobre os quais se erguem obras que representam uma coletividade sintonizada com as suas características morais e intelectuais.

Os movimentos culturais de todos os tempos sempre contaram com a essencial força mobilizadora dos líderes, razão pela qual todos os movimentos existentes devem desenvolver cuidados fundamentais para que seus representantes mantenham-se sempre na direção consciente e libertadora.

Nos dias atuais, somos compelidos, mais do que nunca, a exames muitos sinceros sobre a natureza da influência de nossa liderança, tendo em vista os novos destinos, assinalados pelo Mais Alto, que nos conclamam a um nível de maturidade e de lucidez sem precedentes.

Em razão disso, avaliemos dois traços de personalidade que, inegavelmente, têm nos comprometido de forma severa junto as mais promissoras sementeiras com o Cristo: a coordenação focada nos terrenos do destemor e do zelo excessivos – extremos emocionais que sofrem a ação determinante de nosso egoísmo milenar.

Quando partilhamos de temperamento destemido, costumamos viajar pelos vales do idealismo obstinado, penetrando nos pântanos da vaidade. Transformamo-nos, então, em visionários inquietos e dispostos a muitos riscos e pouco diálogo, muita ação individual e quase nenhum serviço em equipe. Somos, nessa situação, dominadores.

Quando zelosos e pacientes, trabalhamos, inúmeras vezes, pelos terrenos da morosidade e da cautela excessiva. Assumimos, então, a postura de guardiões insubstituíveis do trabalho. Somos, nessa situação, conservadores.

Adotamos a nociva influência dominadora em função de nossos ímpetos de convencimento e ousadia e, quando mais conservadores, estacionamos na zona delicada da fidelidade e da pureza filosófica, a título de zelo e vigilância.

Citemos alguns exemplos de nossas ações com o único intuito de avaliar-nos algumas condutas rotineiras que, tanto em uma posição quanto na outra, são fracas na arte de ouvir, a fim de verificarmos quais aspectos ainda trazemos em nossas próprias atitudes.

Na dominação, atolamos no vício de controlar e decidir através das convicções pessoais exacerbadas; nos domínios conservadores, acostumamo-nos a protelar, a pretexto de paciência perante as recomendações da ação da Providência Divina. No primeiro caso, somos construtores impacientes de atalhos, enquanto, no segundo, somos auxiliares acomodados que fazem torcidas egoístas para que os acontecimentos se definam conforme nossa suposição.

Quando adotamos o controle, conseguimos, a princípio, extenso raio de simpatia para, depois, em razão de nossos excessos centralizadores, provocarmos a insatisfação e o repúdio em nossos grupos. Quando nos acomodamos na lentidão, envolvemos muitos na onda da precaução e da reflexão, no entanto, terminamos por limitar os impulsos de quem quer trabalhar e crescer, causando discórdia, cansaço e abandono.

Quando dominadores, atuamos com o excesso das forças pessoais; quando conservadores, jogamos com a força das circunstâncias, acrescida de fervorosa expectativa de uma ajuda do além.

Na ousadia dos dominadores, quase sempre acreditamos ser predestinados e indispensáveis a missões formidáveis, que somente nós poderemos cumprir. Na rigidez, cultivamos misticismo desenfreado, a ponto de esperarmos orientações mediúnicas sobre como agir ou fazermos leituras personalistas dos ditados universais dos espíritos.

Sendo dominadores, ouvimos somente a voz de nossas ideias; sendo severos, adoramos escutar a força dos fatos ou a palavra mediúnica para encontrarmos endosso ao que acreditamos ser a expressão da verdade.

Em tese, em ambas as posições, só ouvimos aquilo que vem de nós mesmos. Seria mais salutar se estivéssemos ouvindo nossa consciência, entretanto, esse fenômeno de ouvir a nós mesmos destina-se, prioritariamente, a ouvir os impulsos de nosso ego. Nas duas situações, padecemos de lastimável mal psicológico: não aprendemos a ouvir a consciência.

Nas duas posturas, desconsideramos o termômetro da validação social para aquilo que defendemos. Assim, não aferimos o bom senso e a utilidade prática de nossas ideias, não aceitamos críticas, pensamos e agimos como quem possui visão mais abrangente de tudo, guardando atração fatal pelo poder e apoiando-nos em informações mediúnicas ou teorias sobre o carma para ameaçar e constranger os que confiam em nós.

Em resumo, os comportamentos dominadores ou excessivamente zelosos são expressões de uma velha inimiga, filha predileta do egoísmo e que merece detalhadas reflexões de todos nós: a arrogância.

A transformação dessas expressões morais que formam a base dessas duas personalidades é fundamental na formação da parceria.

Quando destemidos, transformaremos nossa força em coragem realizadora, mas nutrida de humildade e de reconhecimento afetivo para com a diversidade dos caminhos do crescimento espiritual.

Quando conservadores, transformaremos nossa cautela em prudência construtiva, alimentada pela fraternidade sentida, sabendo escolher nosso caminho pessoal e nossa âncora de segurança, sabendo lidar amorosamente com todos que pensam e agem de forma diversa.

Nas duas situações, para que efetivamente alcancemos nossas metas, teremos de aprofundar nossos conceitos e renovar nossas ações que decorrem da sutil influência da arrogância.

Façamos uma breve reflexão sobre alguns dos caminhos facilitadores de uma parceria fraterna e construtiva, na qual, como líderes, alcançaremos a condição de servidores do bem na obra cristã:

• Conhecermos melhor as ideias alheias – apreciá-las sem julgamento.

• Evitarmos agir com precipitação – fugir do ciclo de reações intempestivas.

• Habituarmo-nos a ser questionados sem nos defendermos e nos irritarmos.

• Diluirmos os papéis dos cargos e mantermos proximidade humana e afetuosa, que forma o clima para a confiança.

• Medirmos constantemente a nossa temperatura mental – o superaquecimento é a febre da preocupação e sintoma de apego e interesse pessoal.

• Traçarmos planos em grupo.

• Expormos nossos sentimentos sem medo de perder a autoridade.

• Sermos o último a falar, ainda que tenhamos muito a dizer.

- Assumirmos nossos melindres para não cairmos na insensibilização – o movimento está repleto de corações indiferentes que se julgam fortes e experientes.

- Colaborarmos na edificação, em vez de apenas darmos ordens.

Enfim, nessa era da parceria, uma sábia conclusão será insubstituível para o sucesso e para o bom proveito nos roteiros da vida: toda liderança tem sua utilidade, todavia, solidariedade e harmonia autênticas só são edificadas por lideranças que aprendem a ouvir com o coração.

FICHA TÉCNICA

Título
Qual a medida do seu amor?

Autoria
Espírito Ermance Dufaux
Psicografado por Wanderley Oliveira

Edição
1ª

Editora
Dufaux (Belo Horizonte MG)

ISBN
978-85-63365-29-7

Capa
César França de Oliveira

Revisão
Débora Couto e Thaísa Moreira

Projeto gráfico e diagramação
César França de Oliveira

Coordenação e preparação de originais
Maria José da Costa

Composição
Adobe Indesign CS6

Páginas
208

Tamanho do miolo
Miolo 15,5 x 23 cm
Capa 15,5 x 23 cm com orelhas de 9 cm

Tipografia
Texto principal: Minion Pro, 13
Título: Home Remedy
Notas de rodapé: Minion Pro, 8

Margens
25 mm: 25 mm: 35 mm: 25 mm
(superior:inferior:interna;externa)

Papel
Miolo em ofsete 90 g/m2
Capa Suzano Supremo 250 g/m2

Cores
Miolo 1x1 cores CMYK
Capa em 4x0 cores CMYK

Pré-impressão
CTP da Gráfica Editora Del Rey
(Belo Horizonte/MG)

Impressão
Ofsete pela Gráfica Editora Del Rey
(Belo Horizonte/MG)

Acabamento
Miolo: brochura, cadernos costurados e colados.
Capa: brochura, laminação BOPP fosca, verniz UV com reserva.

Tiragem
6 mil exemplares

Produção
Julho/2013

EDITORA DUFAUX

Nossas Publicações

www.editoradufaux.com.br

PARA SENTIR DEUS

Nos momentos atuais da humanidade sentimos extrema necessidade da presença de Deus. Neste livro, Ermance Dufaux resgata para cada um múltiplas formas de contato com Ele. Como seti-Lo em nossas vidas, nas circunstância que nos cercam, nos semelhantes que dividem conosco a jornada reencarnatória. Ver, ouvir e sentir Deus em tudo e em todos. Simplesmente assim...

Wanderley Oliveira | Ermance Dufaux
Mensagens consoladoras | 11x15.5 cm
136 páginas

LIÇÕES PARA O AUTOAMOR

Mensagens de estímulo na conquista do perdão, da aceitação e amor a si mesmo. Um convite à maravilhosa jornada do autoconhecimento que nos conduzirá a tomar posse de nossa herança divina.

Wanderley Oliveira |Ermance Dufaux
Mensagens consoladoras | 11 x 15,5 cm
128 páginas

RECEITAS PARA A ALMA

Mensagens de conforto e esperança, com pequenos lembretes sobre a aplicação do Evangelho para o dia-a-dia. Um conjunto de propostas que se constituem em verdadeiros remédios para nossas almas.

Wanderley Oliveira | Ermance Dufaux
Mensagens consoladoras | 11 x 15,5 cm
148 Páginas

LAÇOS DE AFETO

Uma abordagem sobre a importância do afeto em nossos relacionamentos para o crescimento espiritual. São textos retirados do dia-a-dia de nossas experiências. Um estímulo ao aprendizado mais proveitoso e harmonioso na convivência humana.

Wanderley Oliveira | Ermance Dufaux
Autoconhecimento | 14 x 21 cm
266 páginas

MEREÇA SER FELIZ

Um estudo psicológico sobre o orgulho e sua influência em nossa caminhada espiritual. A autora espiritual considera que essa doença moral é um dos mais fortes obstáculos à nossa felicidade, porque nos leva à ilusão.

Wanderley Oliveira | Ermance Dufaux
Autoconhecimento | 14 x 21 cm
272 páginas

REFORMA ÍNTIMA SEM MARTÍRIO

As ações em favor do aperfeiçoamento espiritual dependem de uma relação pacífica com nossas imperfeições. Como gerenciar a vida íntima sem adicionar o sofrimento e sem entrar em conflito consigo mesmo?

Wanderley Oliveira | Ermance Dufaux
Autoconhecimento | 16 x 23 cm
348 páginas

ESCUTANDO SENTIMENTOS

A autora afirma que temos dado passos importantes no amor ao próximo, mas nem sempre sabemos como cuidar de nós mesmos, tratando-nos com culpas, medos e outros sentimentos que não colaboram para nossa felicidade.

Wanderley Oliveira | Ermance Dufaux
Autoconhecimento | 14 x 21 cm
252 páginas

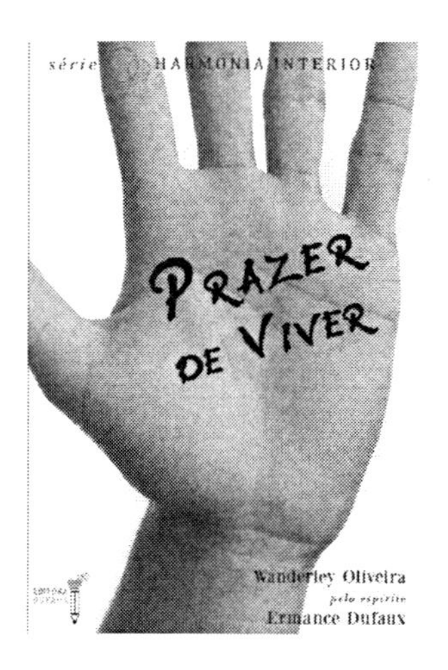

PRAZER DE VIVER

Ermance Dufaux, com seus ensinos nesse livro, nos auxilia a pensar caminhos para alcançar nossas metas existenciais, a fim de que as nossas reencarnações sejam melhor vividas e aproveitadas.

Wanderley Oliveira | Ermance Dufaux
Autoconhecimento | 16 X 23 CM
248 páginas

DIFERENÇAS NÃO SÃO DEFEITOS

Ninguém será exatamente como gostaríamos que fosse. Quando aprendemos a conviver bem com os diferentes e suas diferenças, a vida fica bem mais leve. Aprenda esse grande SEGREDO e conquiste sua liberdade pessoal.

Wanderley Oliveira | Ermance Dufaux
Autoconhecimento | 16 x 22,5 cm
288 páginas

QUEM SABE PODE MUITO. QUEM AMA PODE MAIS

A lição central desta obra é mostrar que o conhecimento nem sempre é suficiente para garantir a presença do amor nas relações. "Estar informado é a primeira etapa. Ser transformado é a etapa da maioridade." - Eurípedes Barsanulfo (cap 4).

Wanderley Oliveira | José Mário
Romance | 14 x 21 cm
304 páginas

QUEM PERDOA LIBERTA

Continuação do livro "QUEM SABE PODE MUITO. QUEM AMA PODE MAIS" dando seguência na trilogia "Desafios da Conveniência no Centro Espírita".

Wanderley Oliveira | José Mário
Romance | 14 x 21 cm
284 páginas

SERVIDORES DA LUZ NA TRANSIÇÃO PLANETÁRIA

Nessa obra recebemos o convite para nos integrar nas fileiras dos Servidores da Luz, atuando de forma consciente diante dos desafios da transição planetária. Brilhante fechamento da trilogia.

Wanderley Oliveira | José Mário
Romance | Tamanho: 14 x 21 cm
299 páginas

SEARA BENDITA

Um convite à reflexão sobre a urgência de novas posturas e conceitos. As mudanças a adotar em favor da construção de um movimento social capaz de cooperar com eficácia na espiritualização da humanidade.

Wanderley Oliveira e Maria José Costa
Diversos Espíritos
Dissertações | 14 x 21 cm
284 páginas

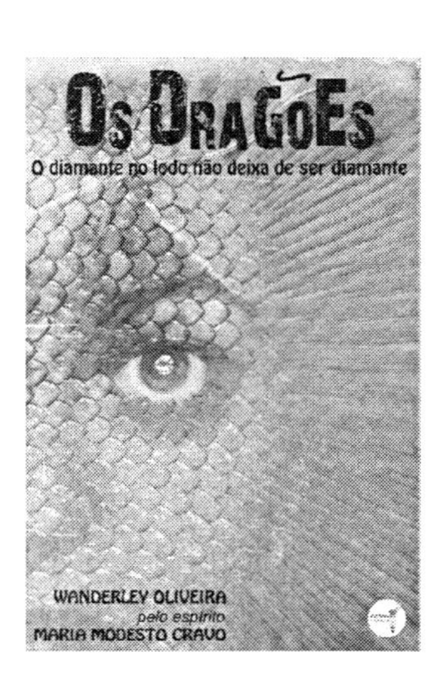

OS DRAGÕES

Um relato leve e comovente sobre nossos vínculos com os grupos de espíritos, que integram as organizações do mal no submundo astral.

Wanderley Oliveira | Maria Modesto Cravo
Romance | 14 x 21cm
522 Páginas

LÍRIOS DE ESPERANÇA

Ermance Dufaux alerta os espíritas e lidadores do bem de um modo geral, para as responsabilidades urgentes da renovação interior e da prática do amor, neste momento de transição evolutiva, através de novos modelos de relação, como orientam os benfeitores espirituais.

Wanderley Oliveira | Ermance Dufaux
Romance | 16 x 23 cm
508 páginas

ATITUDE DE AMOR

Opúsculo contendo: a palestra "Atitude de Amor" de Bezerra de Menezes, o debate com Euripedes Barsanulfo sobre o período da maioridade do Espiritismo e as orientações sobre o "movimento atitude de amor". Por uma efetiva renovação pela educação moral.

Wanderley Oliveira | Ermance Dufaux e Cícero Pereira
Autoconhecimento | 14 x 21 cm
94 páginas

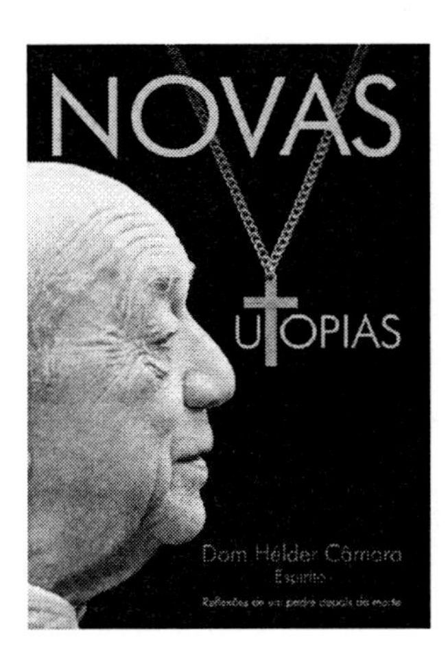

NOVAS UTOPIAS

Dom Hélder Camara, arcebispo de Recife e Olinda, retorna através do médium Carlos Pereira para continuar sua missão. Novas Utopias é um livro instigante porque traz ao debate a temática da imortalidade do ser, da dimensão transcendental e da relação intermundos, a espiritual e a física, independentemente da crença religiosa.

Carlos Pereira | Dom Hélder Camara
Dissertações | 14 x 21 cm
184 páginas

PÉROLAS DE ERMANCE DUFAUX

Seleção das melhores frases do livro "Escutando Sentimentos". Frases de Esperança. Pensamentos de conforto e estímulo. Mensagens de alegria e fortalecimento para sua vida.

Wanderley Oliveira | Ermance Dufaux
17 x 17 cm | Totalmente ilustrado
Acompanha CD com "Meditação da Criança Interior"

FALA, PRETO-VELHO

"Fala, preto-velho." é um roteiro de autoproteção energética através do autoamor. Os textos desenvolvidos permitem-nos construir nossa proteção interior por meio de condutas amorosas, posturas mentais positivas e aplicação de simples atitudes, para criação de um ambiente energético protetor ao redor de nossas vidas.

Wanderley Oliveira | Pai João de Angola
Autoconhecimento | 14 X 21 cm
314 páginas

RECICLANDO A MALEDICÊNCIA

Um livro de educação emocional para a arte do bemdizer. Contém exercícios e temas que orientam a reciclar a forma de usar a palavra para criar o bem e libertar a alma do cativeiro da maledicência e do mau uso do falar.

Bianca Ganuza
Autoconhecimento | 16 X 23 cm
288 páginas

DEPRESSÃO E AUTOCONHECIMENTO

A proposta de tratamento complementar da depressão aqui abordada tem como foco a educação para lidar com nossa dor, que muito antes de ser mental, é moral.

Wanderley Oliveira
Dissertações | 15,5 x 23 cm
260 páginas

ESCUCHANDO NUESTROS SENTIMIENTOS

Ermance Dufaux continúa ofreciendonos valiosas enseñanzas para un mejor entendimiento de nuestro mundo íntimo y asegura que los espíritas hemos dado pasos importantes en el amor al prójimo, pero no siempre sabemos cuidar de nosotros mismos, tratándonos con culpas, miedos y otros sentimientos que no nos ayudan para nuestra felicidad.

Wanderley Oliveira | Ermance Dufaux
Conocimiento de sí mismo | 14 x 21 cm
240 páginas

LAZOS DE AFECTO

Sociedades espíritas fraternas solo serán construídas por hombres y mujeres más dóciles y cordiales, más confiables y afables, más amigos y amables. Tenemos así, más afecto, mejor ambiente y bien estar para convivir y mayor motivación para servir y aprender.

Wanderley Oliveira | Espíritu Ermance Dufaux
Conocimiento de sí mismo | 14 x 21 cm
296 páginas

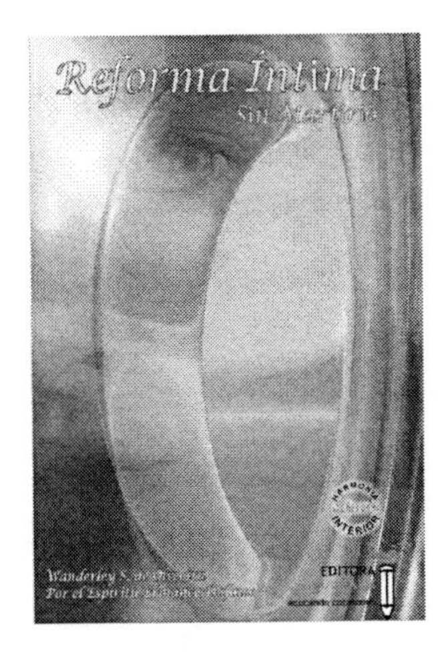

REFORMA ÍNTIMA SIN MARTÍRIO

Ermance com rara felicidad consigue penetrar en lós meadros de las cuestiones psíquicas, esclareciéndonos en cuanto a estos mecanismos mentales crueles que nos hacen sufrir en vez de amar, auto flagelar en vez de perdonar.

Wanderley Oliveira | Espíritu Ermance Dufaux
Conocimiento de sí mismo | 14 x 21 cm
296 páginas

ACTITUD DE AMOR

Opúsculo conteniendo: la exposición de "Actitud de Amor" de Bezerra de Menezes, el debate con Eurípedes Barsanulfo sobre el período de la madurez del Espíritu. Reflexiones sobre el "período de la madurez" de las ideas espíritas, en el cual el bello discurso sin práctica deberá ser sustituído por una renovación efectiva por la educación moral.

Wanderley Oliveira | Espíritu Ermance Dufaux e Cícero Pereira
Filosófico | 14 x 21 cm

MEREZCA SER FELIZ

Las anotaciones de este volumen sin pretensiones fueron inspiradas en un curso de veinte días que realizamos en el Hospital Esperanza, bajo La dirección de Eurípides Barsanulfo.

Wanderley Oliveira | Ermance Dufaux
Conocimiento de sí mismo | 14 x 21 cm
272 páginas

Jogo
Prazer de Viver

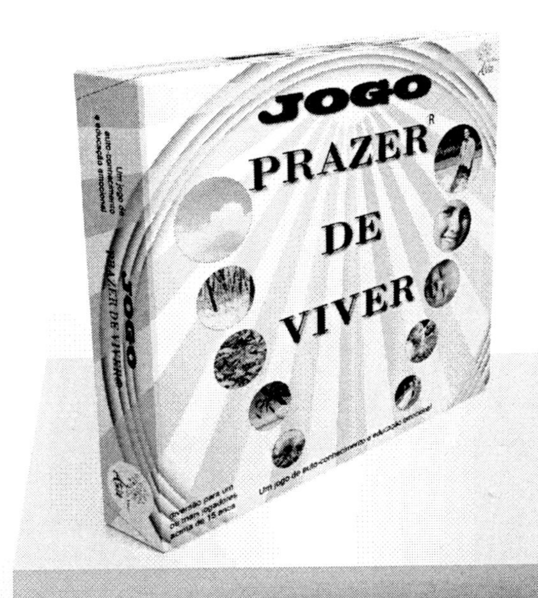

Jogo de autoconhecimento e educação emocional para pessoas de qualquer religião. Ferramenta para trabalhar as crenças limitadoras e motivadoras. Diversão para toda a família, grupos de mocidade, palestras, seminários e encontros.

Inspirado no livro “Prazer de Viver” da autora espiritual Ermance Dufaux.

PROGRAMA DE RÁDIO

Mereça Ser Feliz

com Maria José e Wanderley Oliveira

Toda 3ª-feira às 15:00h

Ouça através do site:
www.radioboanova.com.b

Bate papo com Wanderley Oliveira na Rádio Mundial

Toda 6ª-feira
às 17:00h

Ouça através do site:
www.radiomundial.com.br

E nas rádios em SP:
95,7 - FM e 660 - AM

Realização Patrocínio Produção

rádio MUNDIAL
FM 95,7 AM 660

REDES SOCIAIS DA EDITORA DUFAUX

FALE CONOSCO

WWW.EDITORADUFAUX.COM.BR